お寺はじめました

渡邊源昇
日蓮宗越谷布教所源妙寺

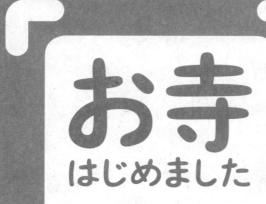

お寺はじめました

目次

第四章　源妙寺だより

南越谷駅前で

序章　南越谷駅前で

やった。
一通受け取ってもらえた。

平成二十七年七月のある朝。私はＪＲ南越谷駅と東武スカイツリーライン新越谷駅を結ぶ広場に立っていました。東京のベッドタウンである埼玉県越谷市の通勤時間帯の駅前は多くの人が行き交っています。午前八時を少し回ったばかりでもすでに暑く、今日も真夏日になるだろうと思われました。
「お寺はじめました。よろしくお願いします」と言いながら、広場を横切る方に、リーフレット入りのティッシュを差し出します。今日はどうだろう。また素通りされてしまうだろうか。うさんくさいと思われているんだろうな。昨日までの苦い思いが頭をよぎりました。だけど意気消沈した顔はしないように。つとめて明るく。

駅前に立ちはじめて一週間ほど。最初の数日間はほとんど見向きもされなかったのです。そう簡単ではないだろうと覚悟はしていましたが、無視され続けるのもこたえます。帰ってからYouTubeで「ティッシュを受け取ってもらうには」と検索してみました。コツは「まず目的を言うこと」だと、ティッシュ配りの達人が話しています。

「お願いします」だけじゃ駄目なんだな。

僧侶の先輩にも「お寺の紹介のリーフレットを作って駅前で配ってるんですけど全然受け取ってもらえないんですよ」と泣き言を言いました。

「何を着て立ってるの?」

「坊さんだとわかるように袈裟を着てます」

「袈裟だと近寄りにくいんじゃないか? 作務衣にしたら。作務衣だとラーメン屋さんや居酒屋さんの制服で見慣れているから、みんな警戒しないだろう」と先輩から知恵をさずかりました。

そこで今朝は、袈裟をやめて作務衣を着ました。この町でお寺をやっていくんだと知ってもらうために「お寺はじめました」と、自己紹介のつもりで口に出す。そうすると、昨日までが嘘みたいに受け取っていただけるではありませんか。

そのうち、「何宗なんですか?」などと話しかけてくださる方も出てきました。日蓮宗ですと答えると、「私の実家も日蓮宗なんです」と返ってきたことも。

毎日駅前に立ちました。リーフレット入りティッシュを受け取ってもらえて、町ゆく人と会話する機会にも恵まれるようになると、駅前に立つことが楽しくなってきます。いつも近くでチラシを配っている美容師のインターンの方と仲良くなって、帰りにジューススタンドに立ち寄る日もありました。

お盆を少し過ぎた頃、私の携帯電話に登録のない番号から電話がありました。

「リーフレットを友人からもらったのですが……」

ついに反応があったのです。

こうして私の、越谷での活動がはじまりました。

私は日蓮宗の僧侶で、渡邊源昇と申します。平成二十七年に埼玉県の越谷市に日蓮宗越谷布教所源妙寺を開堂しました。

昭和六十二年、長崎の生まれです。父は建設会社勤務のサラリーマン設計士、母は電力会社に勤務しています。お寺の出身ではありません。十五歳のときに僧侶を志して、日蓮宗の総本山である身延山の門を叩き、修行を経て二十二歳で僧侶の資格を得ました。そして自分でお寺を開きたいという願いを抱き、越谷の地にやってまいりました。

日蓮宗は「南無妙法蓮華経」の『法華経』を根本聖典とする、鎌倉時代に日蓮聖人が開宗した仏教の宗派です。

この本を手に取られる方は、おそらく仏教にご興味をお持ちのことと思いますが、お家の宗教は仏教でしょうか。何宗でしょうか。お経を読まれたことはあるでしょうか。

目にとめていただいた、このご縁をうれしく思います。宗派に関係なく、いや何教を信仰していらっしゃるかに関わりなく、仏様の教えやお寺のあり方に親しむきっかけとなれば幸いです。私の活動も、そのためにあります。

寺院や仏教が消滅の危機に瀕しているとよく言われる昨今ですが、僧侶は手をこまねいているわけではありません。「仏教をとりもどそう」という合い言葉のもとに、多くの僧侶が新しい時代に合ったお寺の形を模索しています。私もその中で、発信していきたいと思っています。

第一章　お寺を開く

お寺を開きたい

「この先どうするんだ？」とお寺に奉職していた頃、よく聞かれました。雇われの身で、お寺の跡継ぎではない私を皆さん心配してくださったようです。

お坊さんの多くは、代々お寺の住職を務める家に生まれ、僧侶の資格「僧階」を取得すると実家に帰って後を継ぐという人たちです。私のように一般家庭出身の少数派は、大きなお寺に職を得たり、住職のいなくなったお寺に入ることを勧められたりします。私も「〇〇県のお寺があいているんだけど……」とお誘いを受けたことが何度かありました。

ありがたいお申し出でしたが、私は独立起業をめざす会社員のように、自分で一からお寺をやってみたいという強い思いをずっと抱いておりました。そんなある日の朝、チャンスがやってきたのです。

品川区の仏母山摩耶寺《ぶつぼさんまやじ》に奉職していた平成二十四年の八月。早朝の境内清掃を終えた私の机の上に、「国内開教志願者募集」と書かれたパンフレットが置かれていました。ご住職が宗務院（日蓮宗本部）の会議に出席した際に持ち帰られたそうです。そして、

「やってみないか」と一言。

国内開教師の制度については、摩耶寺の前に勤めていた府中市の東郷寺にいたときから気になっていました。近くの国立市に、日蓮宗の国内開教師第一号である赤澤貞《あかざわてい》槙《しん》住職が立ち上げた一妙寺《いちみょうじ》があったからです。組寺《くみじ》というお寺同士の相互扶助の組織がありまして、東郷寺の組寺の一つが一妙寺。それゆえ赤澤上人のお寺の運営や活動について知る機会も多く、興味を持っていました。

開教師とは、その土地に布教拠点を確保して、布教活動に専念する役にあたる僧侶のことです。以前は海外での布教を主な目的としていました。近年、国内での布教に力を入れるために国内開教という制度を各宗派が設けています。日蓮宗では平成二十二年に制定されました。

お寺をめぐってさまざまな問題が起きているという話は、各種の報道で目にされたことのある方も多いと思います。人口減少や地域の過疎化によって存続が難しくなっているお寺があること、そのため住職がいなくなり廃止されるお寺も出てきていることなど。一方、都会では人口が多くても、地域共同体の関係が薄いためお寺との接点がない人も多くいます。

そのような現状を打破し、いま一度仏教への注目を集めるために、各宗派とも力を入れているのが国内開教なのでした。宗派によってやり方に多少違いはあるかもしれませんが、日蓮宗の場合は宗派の寺院が少ない地域に新たに拠点をつくり、布教活動を行うのが使命です。任命を受けて赴任すると、四年の任期のうち三年間は助成金が支給されるので、その間に基盤を築くことができます。

先ほどの赤澤上人は、平成二十二年に日蓮宗で初の国内開教師に就任され、国立市で布教所をはじめられました。毎月開かれているお経と法話の会には地元の方も遠くから来られる方もいらっしゃれば、また年齢層もさまざまな方々が集っておられます。民家を借りることから始まったお寺は、信徒さんとともに歩まれて大きくなり、平成二十六年には本堂を建立なさいました。

また、赤澤上人を見習わせていただきたいと思った理由がもう一つあって、それは上人がお寺の跡継ぎではなく、私と同じサラリーマン家庭のご出身だということです。私と似た境遇で、総本山身延山の先輩でもあり、親しみを感じていました。

摩耶寺の御住職からお話があった翌々日、私は大田区にある宗務院の受付の前に、パンフレットを握りしめて一人立っていました。

「国内開教師の資格試験に申し込みに参りました」

面接があったのは、その一、二週間後だったでしょうか。十人ほどの面接官から質問されました。訊ねられたのは、なぜ僧侶になったか、出家の理由、国内開教師を志望した理由など。翌日、一次面接は通過したと電話で連絡がありました。

都市開教のためのマーケティングリサーチ

二次面接では布教計画のプレゼンテーションを行うのですが、開教の対象地を自分で調査して、報告書にまとめることになっています。

今回の募集の対象地は埼玉県南東部の草加市、吉川市、越谷市。この三市のうち、自分の計画に適していて活動の拡充が期待できる土地はどこであるか割り出すための、マーケティングリサーチをするわけです。

一次面接通過の後、さっそく現地に行って調査しました。

まずは産業や人の行き来の活発さを具体的につかむため、交通量の調査記録を見ます。主要道路を半日または一日のあいだに何台の車両が通過するかは、行政が定期的に調査を行っていて、その記録は県庁や市役所で見ることができます。

交通アクセスも重要です。将来信徒さんが増えたときに、市内だけではなくて県内や近県からも来ていただくことを想定しておかなければなりません。都心や近県からのあらゆる乗り換え方法を調べて、実際にさまざまな路線の電車に乗ってみました。この調査は楽しかったですね。

東京から草加、吉川、越谷に行くには、東武スカイツリーラインやＪＲ武蔵野線、埼玉高速鉄道が便利なので、この路線の駅名には一気に詳しくなりました。また、各市の中心地から出ている主要な路線バスに乗ってみると、市内の利便性や雰囲気がよくわかります。

公共交通だけでなく、自家用車でのアクセスも考えて、練馬インターチェンジから東京外環自動車道を運転してみたりもしました。

人が来る範囲を知りたかったので、交差点やショッピングモールの駐車場で車のナンバーを観察したこともあります。越谷レイクタウンは日本一巨大なショッピングモールというだけあって、埼玉県内だけではなく、茨城県のつくばや千葉県の習志野といった周囲の県のナンバーもたくさんありました。ちなみに、現在の当寺の信徒さんでおそらく一番遠くから通われている方は神奈川県の横浜市在住です。

次は各市の人口と世帯数、平均年収と持ち家率を調べました。調査した平成二十六年の時点で、越谷市は人口三十三万人を越えており、埼玉県の市町村の中で五番目に人口の多い市です。しかもその人口は年々増加していて、そのわりには人口密度は十三番目。ほかの市町村にくらべ、まだ人が増える余裕があります。

世帯にファミリー層が多く、持ち家率は七割近いので、現在の居住者が今後も住み続ける可能性は高いでしょう。また東京都内にアクセスのよい鉄道の沿線でもあり、都心部に勤務する人々のベッドタウンとして、今後も発展が続くことが見込まれます。

高度成長期以降に人口が流入した町なので、菩提寺を持たない住民が多いということも、開教するうえでは重要です。

これらの調査を経て、私は越谷市に候補地を絞りました。

お寺を開堂する際の初期費用も算出するので、お寺の場所として借りるつもりである一軒家の賃貸物件の家賃や間取りについても調べました。人が集まれる広さのある本堂にするスペースがとれて、駅からのアクセスのよい家がのぞましいのです。二階建て住宅の一階のリビングを本堂にして、こちらのお座敷は信徒さんの集まる場所に、などと間取りを見ながら夢をふくらませるのは楽しいもの。家賃が予算内に収まることが最優先ですが。

布教の計画は、どういう人をターゲットとして、何をやっていくのかを説明します。「こんなお寺にしたいな」と漠然と思い描いていたのは、子どもの頃に通っていたお寺でした。

私が生まれ育った長崎のお寺では、日曜学校があって、子どもの頃の私は毎週通っていました。そのお寺はお正月の餅つきにはじまり、檀家さんが仏様の教えを学びながら楽しめるような行事がいくつもあったのです。除夜の鐘を聞きにいった時、行く年の反省とくる年の目標を参詣者が書くようになっている立て看板にらくがきをして、父から拳骨をくらわされたのもいい思い出です。

お寺のご住職について、今もよく覚えていることがあります。毎年の夏休みに開かれていた合宿の寺子屋。参加した子どもたちは、昼間はお寺の掃除などの手伝いをし、仏様の教えを学んで、夜は本堂に布団を敷いて寝泊りします。それについて檀家さんから、「せっかく私たちが奉納した仏具や畳が傷んでしまうから、寺子屋は本堂ではなく会館でやるべきだ」という声が上がりました。

するとご住職は、「子どもは仏様の前で失敗して学ぶのだから、本堂で寝泊りすることに意味がある。おわかりいただけないのなら、私は住職を退く」とおっしゃいました。それを聞いた私は子どもながらに、「ここにあるものを大事にしなくてはならないのだ」と思ったのです。

しかし、夢はあってもまだ経験の浅い二十七歳の私には、現実とどうすりあわせていけばいいのか、よく見えていないところがありました。

そこで、興味深い活動をしておられる住職の方々にお話をうかがいに行くことにしました。日蓮宗だけでなく他宗派の方にも、片っ端からお電話してアポイントをとって。他宗派の見ず知らずの若造が突然電話をして、話を聞かせてほしいというのですから、不審がられてしまいそうな状況ですが、皆様快諾してくださり、感謝しております。

そして先達にお話をうかがい、原体験を思い出しながら、「自分のコンセプトは原点回帰だな」と腹が決まってきたのです。皆様に教えていただいたことは、後の項でお伝えしたいと思います。

歴史をさかのぼれば、お寺は地域に根ざし、学校と病院と役所を兼ねていて、人々が交流する場所でした。子どもは寺子屋で学び、体の具合が悪い大人がお坊さんにお灸をすえてもらうこともある。皆で力を合わせてお祭りや行事も行う。

江戸時代に檀家制度によって戸籍の管理のような役目を果たしたのは、時の権力との結びつきもあってプラスの評価だけするわけにはいかないかもしれませんが、それも確かに必要な役割だった。

現代では学校も病院も役所も制度が整っていますし、それぞれに資格と見識がなくてはできませんから、それに取って代わろうというわけではないのです。ただ、施設や仕組みから零れ落ちてしまうようなことは厳然としてあります。お寺はそこに寄り添うことができるはずです。そしていずれは社会福祉に取り組む場所にしたい。福祉に取り組んでいきたいと考えたのは、十五歳のときに僧侶になる決意をした、個人的な理由も関わっています。

仏様の慈悲の教えで、誰もが幸せになるお手伝いをするのが僧侶の務めです。そのためにはお寺で何ができるかと考えると、町の中の懸け橋となるような場所を、仏教を通してつくることではないか。そう思うようになりました。

布教の場を越谷に決めた理由と、私が布教によって成し遂げたいことをプレゼンテーションし、私は日蓮宗の国内開教師第二号の任を命ぜられることになりました。

国内開教候補地に於ける人口動態

埼玉県の中心部・越谷市・草加市・吉川市の比較

	総人口	世帯数	人口密度	密度順位	増減数	平均年収(千円)	平均年収増加率
埼玉県	7,179,565	2,897,723	1,891		13,259	3,327	0.9
越谷市	330,332	129,694	5,311	13	908	3,120	0.4
草加市	239,806	129,694	8,746	4	452	3,331	−0.3
吉川市	64,132	23,591	2,028	29	231	3,228	−2.2
さいたま市	1,202,101	502,440	5,527	11	3,365	3,959	2.7
川越市	334,580	135,610	3,065	23	452	3,358	−0.5
川口市	505,802	222,162	9,073	3	1,617	3,249	0.4

平成２２年国勢調査

埼玉県は人口が多い市は面積が狭いという特徴がありますが、越谷市は面積においてもそれなりの水準を誇っている点に特徴があります。そのため、人口密度も１３番目と人口が多い他の市町村に比べると低いランクとなっています。

越谷市の人口は３３万人。これは埼玉県内では５番目に多い数字となります。４番目が所沢市で６番目が草加市です。
総面積において、60.31 平方キロメートル、可住地面積においては、60.06 平方キロメートルとなっています。可住地の人口密度は１平方キロメートルあたり約 5,000 人で、人口増加率はプラスとなっています。
人口・増減数から見て、最も人口が多い越谷市が国内開教の地に最適であると考え越谷市を中心に調査を続けます。

国内開教地における越谷市の適用性

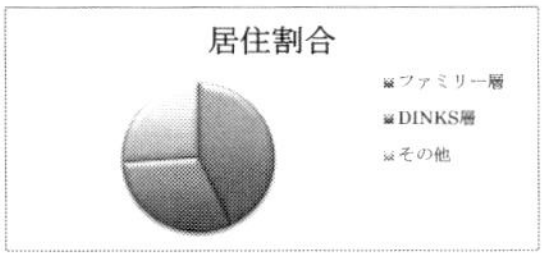

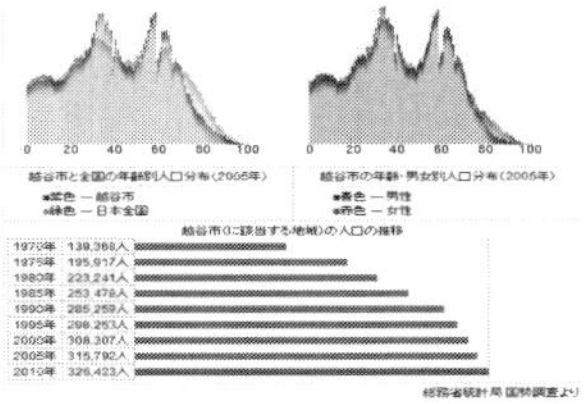

越谷市の特徴は世帯にファミリー層が多いことも挙げられます。
全世帯のうち３９％がファミリー層で占められています。続いてディンクス層が２９．３％。
この数字は３０代が占める割合が多いことも表しています。越谷市において３０代が占める割合は１７．１％。これは全国水準と比べても高い数字となっています。
越谷市が単身者が住む街というより、家族向けの人が住んでいる割合が非常に多いということが言えます。

生産年齢人口、15 歳未満人口も多く、乳幼児・子供への医療費助成があるなど子育て支援が充実しているといえます。
持ち家率は約７割、借家率は約３割程度です。

プレゼンテーション用に作った資料です

民家でお寺を

そもそもお寺を名乗るための要件とはなんでしょう。聖徳太子（厩戸皇子）が制定したとされる十七条憲法の「篤く三宝を敬え」という条項を日本史で習った方も多いと思いますが、三宝とは仏・宝・僧を指します。これがお寺の要件なんですね。まず御仏の教えを伝える場所であること、次にご本尊をお祀りしたご宝前があること、それからなんといってもお坊さんがいることです。

お釈迦様の時代にはお寺はありませんでした。出家した僧侶は住まいを持たず野宿をして、托鉢しながら布教するものだったのです。しかしインドには雨季がありますから、雨で出歩けない時期には安居《あんご》といって一定の場所に籠って修行をするようになりました。そうして住まいが必要とされて寺院ができた、というのがお寺の誕生の経緯です。

越谷市で開教することが決定し、私は場所探しを始めました。寺院が不動産屋で取り扱われているわけではないので、民家を借りることになります。

不動産屋通いは、最初は難航しました。「家を借りてお寺をやります」というと、まずカルトではないかとあやしまれる。「ご近所の方に不審がられるから、ご紹介できない」とも言われましたね。しかし、あきらめずに探しているうちに、知人の紹介で親身になってくださる不動産屋さんに出会うことができました。

お寺の場所は、市内のどこでもいいというわけではありません。電車で来る信者さんにも便利な場所がいいし、あまり閑散としている地域では人目に触れにくいからよろしくない。国内開教師募集の面接にあたっての報告資料をまとめる際に、物件の家賃と住宅分布を調べていたので、「この辺りで見つかればいいな」と目星をつけてはおりました。

ある日、不動産屋さんから「いい物件があります」と連絡をいただきました。住宅街の中の十棟並んだ、分譲戸建て住宅のうちの一棟です。ほぼ新築ながら、オーナーが転勤のためお借りできるという話でした。定期借家ですが四年間でお寺を建立することを目標にしていたので、期限があるのは逆に好都合と言えます。

行ってみると、閑静でありながら住宅の数もほどよく集まっている地域で、理想的な環境です。駅から歩いて七分。敷地二十八坪の二階建てで家賃は十四万円。家賃助成の上限十五万円以内にも収まります。

よし、ここにしよう。

それから一か月後、ご本尊の曼荼羅を奉安し、鐘と木魚を一階のリビングに設置してご宝前を整え、小さなお寺「日蓮宗越谷布教所源妙寺」が誕生しました。外から見れば本当に普通の民家です。インターネットで当寺のサイトを見て訪ねてこられた方などは、「表札を見ても本当にここかしらと、呼び鈴を押すのをためらいました」とおっしゃったものです。

毎朝の水行は駐車場で行いました。褌姿で水をかぶっていると、通りから見えるので、「私もやりたい」と声をかけてくださる方もいらっしゃいましたね。あまり早くから物音をたてて、周囲にお住まいの皆様を起こしてはいけないので、朝のお経は七時からにしておりました。

今は場所を移転していますが、ご近所の方々にも親切にしていただけて、ありがたいことでした。

お寺はじめました

さて、お寺の形は整いましたが、待っていても誰も訪ねてきてはくれません。見た目は普通の民家ですから。いや、本堂だったとしても、建てただけでは今の時代、お参りに来てくれる方はすぐには現れないでしょう。

開教した先輩方が、お寺をつくったばかりのときはお店の開店案内を見習って宣伝したと教えてくださったので、私もさっそく実行します。

まずはリーフレットを用意しました。自作です。源妙寺が日蓮宗のお寺であることの紹介、私の略歴、ご葬儀・ご法事・ご祈禱のご依頼をお受けします、という情報と連絡先がわかるようにすること。それから、どんな場所でどんな人物がやっているかわからないとあやしく思われてしまいそうなので、お寺の外観とご宝前の写真も入れてwordでレイアウトしました。Ａ４用紙にプリントし、折りたたんだものを三千通用意。住宅街を回って家々のポストに投函します。マンションの管理人さんに「何してるんだ！」と怒られたこともありましたねえ。

来る日も来る日も住宅街を歩き回ってポスティングを続けましたが、これはほとんど反応を得られず。手応えを感じたのは、ティッシュとともに駅前で配りだしてから。僧侶の姿を見せて、ここにお寺があると知らせないことには始まらないと思って、駅前に立ちました。

駅前にいると、ほとんどの人が下を向いて歩いていることに気づきました。他人と目を合わせないようにしているのでしょうか。そんな中で、ティッシュを受け取ってくださる方は五メートル先ぐらい、さらに声をかけてくださる方は十メートルぐらい先から目が合うのです。

立つ時間は一定ではなくて、朝、昼、夕方といろいろな時間帯だったのですが、お昼すぎは少しゆったり歩いている方が多くて、「最近できたお寺なんですか」「はい、七月に開堂しました」なんてやりとりをしているうちに、しばらく話し込んでしまったこともありました。その場ではお話はしなかったけれど、後でお寺にご相談にみえた方もいらっしゃったし、一度顔を見ていると、訪ねるのも気安く感じられたのかもしれませんね。

まれにですが、「坊主まるもうけだな」とか「坊さんが営業するなよ」と面と向かって言われて驚いたこともありました。しかし、こんな経験こそ得がたいもので、お寺にじっとしていたら、できなかったこと。やったことのないことに挑戦した結果なのだから、大成功なんです。

日蓮聖人は建長五（一二五三）年に鎌倉の松葉ヶ谷に庵をかまえられると、毎日小町大路に出て、辻説法をされました。自己満足でおこがましいですが、私のやっていることは聖人にちょっぴりならうことができたんじゃないかな、などと思うとわくわくします。

駅前に立ったことは大きくて、今日の私の活動の基礎です。そこではじめてお会いして、いま源妙寺の信徒さんという方が何人もいらっしゃいます。立った時間が少しでも違ったなら、出会えていなかったかもしれません。ご縁を感じます。

うちわ太鼓を叩いて「南無妙法蓮華経」を唱えながら歩く、唱題行脚《しょうだいあんぎゃ》もはじめました。歩き回っていると発見があるもので、自転車に乗っている方はおおむね近所にお住まいなのがわかったり、スーパーの前を歩くと多くの方に見てもらえるといった、宣伝の効果にも気づかされます。そのうちに、一緒に歩いてくれる方も現れました。

日蓮聖人のお言葉に「剰《あまつさ》へ広宣流布の時は日本一同に南無妙法蓮華経と唱へん事は大地を的《まと》とするなるべし」（『諸法実相抄』）とあります。これは「お題目を唱えるときは大地を的にしなさい」という意味で、つまりは土地を歩くことはそれだけで布教であるとおっしゃっているのです。

ポスティングや唱題行脚をしてみて何よりよかったのは、このお言葉をまさに身を以て知れたこと。歩きまわり、小さな通りまで知って、越谷に愛着がわきました。

こうしているうちに、一人でこの町にやって来た私にも少しずつ知り合いが増え、お寺を訪ねてきてくださる方も増えてきました。

外に出れば縁はつながるものです。

仏様は変化の人を遣わして

法要に向かう前に、今でも必ず思い出すことがあります。越谷に開堂してはじめて務めさせていただいた法要のことと、その後に先輩がくださった言葉です。

序章でお話ししましたが、駅前広場で配った源妙寺のリーフレット入りティッシュがきっかけでお電話をくださったその方は、長年かわいがっていたペットの一周忌を行いたいとおっしゃいました。ご自宅での法要を希望されています。越谷でのご依頼第一号、しかもみずから行った布教に対する最初の反響でしたから、私も張り切って臨みました。

すると、帰りにいただいたお布施が、自分で予想していたよりもずいぶんと多い金額で驚いてしまったのです。それで少し、気持ちが浮ついたところがあったと思います。数日後に出席した埼玉県日蓮宗青年会の会合で、先輩に「ペットで、しかも一周忌なのでびっくりしました。供養したいという思いってすごいですよね」と、軽い調子で話したのです。

それまでなごやかに談笑していた先輩は、厳しい顔つきになって私を見つめました。

「お前はそれだけのことをやったと自信をもって言えるか?」

問いただされ、はっとしました。

「わかりません……」

「中途半端な気持ちなら、そのお布施返してこい」

自分なりに頑張ったつもりではいました。しかし、気の緩みはなかったか。自己満足で終わっていないか。つきつめて考えると、自信がなくなってきます。

「弔う相手が人間であっても動物であっても、喪主さんの祈る気持ちに変わりはない。喪主さんはそこにお布施を納めているんだ。そんなこともわからないんじゃお寺は建たないぞ」

その夜は帰ってからも、先輩の言葉を繰り返し思い出していました。私は人の思いを軽く考えてはいなかったか。自問自答するばかりです。思い上がりをただされたように感じました。

法要は一期一会。一つ一つの出会いに際して、全身全霊で熱意を込めてお務めをやり遂げることが僧侶の任務。計算なんてするものじゃない、と教わったと思いました。

「則ち変化《へんげ》の人を遣わして　之が為に衛護《えご》と作《な》さん」という言葉がお経の中にあります。私は先輩の言葉を思い出すときに、この『欲令衆』（法華経の『方便品第二』・『譬喩品第三』・『法師品第十』・『見宝塔品第十一』の抜粋をまとめたもの）の一節も思い出すのです。

この一節の前に「若《も》し人悪刀杖《ひとあくとうじょう》及び瓦石《がしゃく》を加えんと欲せば」とあるのですが、仏様の教えを広めようとする者に危害を加える悪者がいたら、仏様は何らかの姿に身を変えた人を遣わして、教えを広めようとする者を守ってくれるという意味です。ここから言えることは、仏様は直接は私たちに手を貸さないけれど、教えを示すときに、何らかの姿に身を変えた、遣いの人を通して教えてくださるということです。

先輩は普段はそんなに人に対して厳しく言わない方で、このタイミングと場だからこそ出てきた言葉だったのだと思います。きっと「変化の人」として遣わされてくださったのです。開堂したばかりの、本当に最初期にこのように気づかせていただいてよかった。

教えを受ける私もまた、別の機会に同じ言葉を聞いても、そう響いていなかったかもしれません。常に意識を研ぎ澄ませておきたいものです。

越谷での初のご依頼を終え、この調子なら順調にやっていけるんじゃないか……と一瞬思ってしまった私でしたが、そううまくはいきません。このあと半年は法要も数えるほどしかなくて、もうお寺を続けられないんじゃないかと不安にさいなまれました。

手を合わせる場所が求められている

うちのお寺に限らず、お寺のホームページをご覧いただくと、「ご相談にのります」と掲げているお寺はたくさんあります。悩みや困り事があれば、お坊さんに相談してみるのもいいと思いますよ（受け付けているかどうか、事前に問い合わせはしてくださいね）。私も恋愛や仕事の悩みからお葬式の疑問まで、いろいろなご相談にのってきました。

会社に行けなくなってしまったというお悩みを持つ方がいらっしゃったときのことです。日蓮宗の僧侶には九星気学を学んでいる者が多くいますが、源妙寺のホームページに運命鑑定の項があるのをご覧になったある相談者の方は、まずは運命をみてほしいとのご要望。生年月日をうかがい、そこからわかる因縁、現状、将来の展望についてお話をして初回は終わりました。

またお越しになりたいとのことでしたので、どうぞいらっしゃい、と言ってお迎えした次の回から、少しずつ「なぜこうなったか」というお話をされるようになります。するとと会社の問題というよりは、プライベートでの心労が積み重なったせいで、意欲を失われているのがわかりました。

それからまた何回かの面談を重ねた日。「しばらくのあいだ、お参りをしていてもいいでしょうか」とおっしゃいますので、ええ、納得いくまでどうぞ、と申し上げて私は席を外しました。

三十分ほど経ち、「帰ります」と声をかけられたので見送りに行くと、「お参りしたらすっきりしました」と言って帰られました。その後、「会社に行けるようになりました」とご報告をいただいて、本当にうれしかったですね。「このご縁がなかったら社会復帰できなかったと思う」ともおっしゃっていました。

私が若いことや、お寺らしからぬ外観のお寺であるがゆえ、親しみやすく感じられるのでしょうか。「話を聞いてくれますか」とお越しになって、お参りをしてゆかれ

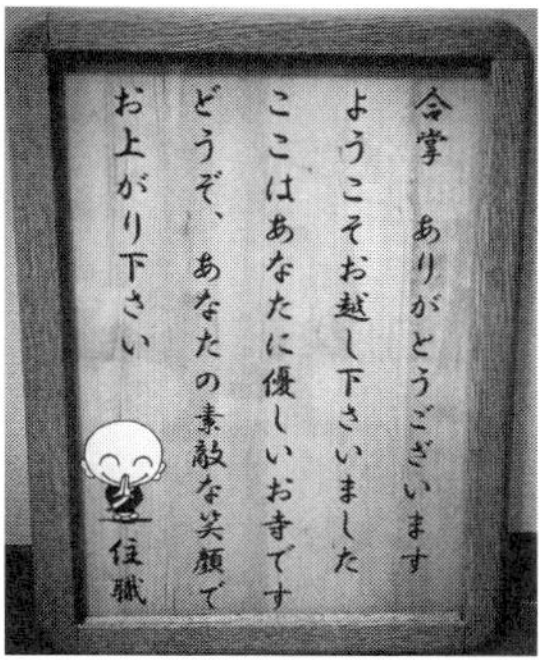

左：お灸教室
右：信徒さんが看板を寄付してくださいました

る方はよくいらっしゃいます。寺院の数が減り、仏教離れが進んでいると言われる今日この頃ですが、お寺を開いてみて気がついたのは、手を合わせて信仰に触れる場を求めている人は決して少なくないということでした。

お釈迦様のお誕生月の四月にとり行う花まつりや、当寺の信徒さんである鍼灸師さんが指導してくださるお灸教室にお越しくださったご縁で、当寺の月一回のお経と茶話会のつどいに参加される方は少しずつ増えていっております。

長年続いているお寺では、何かやるにしても、どうしても古くからの檀家さんに向けての発信をまず考えなくてはならないのですが、新しいお寺はすべての人に向けて発信できるという点で強みがあるのかもしれません。

どなたにもお越しいただける、常に開かれたお寺でありたいと思います。

子どもと寺子屋

平成二十九年の夏、埼玉県日蓮宗青年会の仲間と寺子屋を開きました。会場は私の師僧のお寺である川口市の妙仙寺です。小学校一年生から六年生まで、六十六人の生徒が集まってくれました。

青年会では、合同でさまざまな企画を行っています。スキルを身に着け、それぞれのお寺に成果を持ち帰ることを目標としていて、その一環としてこの寺子屋もあります。

お寺の寺子屋というとお経の勉強でもするのか、と聞かれます。仏様の教えに触れてもらいたいという思いはありますので、お経を読んだり、仏具について教えたり、お寺の生活様式を徹底して行うということもやっていますが、何よりもまず、日常では気づきにくいことを体得して帰ってもらいたい、という考えでやっております。

そのレクチャーの一つとして、障害疑似体験を行います。

まずは「聞く・話す」ができない状態を体験してみる。しゃべらずに並んで、という課題を出します。はじめは見てわかる身長順で。それができたら、誕生年月日順をやってみます。ジェスチャーで伝えるので、皆、頭をひねりながら指で数字を示して説明しますが、何年生まれかを表現するところで個性が出ますね。大きい数字の表し方は多種多様です。これができたところで、簡単な手話を学びます。

次に「見えない」体験。目かくししてスイカ割り。目を瞑ったままでグループごとに整列する速さを競う。

いずれもレクリエーションとして機能しつつ、聞こえないことや話せないこと、見えないことはどんな感覚なのかを体験してもらいます。

すると子どもたちは、当たり前だと思っていた意思疎通が、当たり前ではないことに気づきます。そこから、うまくいかないことをお互い助けあったり補いあったりするんですね。

その体験を忘れないでね、これを覚えておいて、自分と違う人に優しくしようね、と呼びかけます。

障害疑似体験を通して伝えたいのは、困っている人がいること、そのことを自分の身に置き換えて考えることができるようになること、そしてその困難を克服するにあたって自分が手助けできるんだと知ることです。

その感覚を持っていれば、いじめや人を傷つけるような行動を、防げることもあるのではないでしょうか。

子どもの吸収力には驚かされます。たった三日間ではあっても、炊事や掃除も、お経のあげかたも、立ち居振る舞いも成長著しい。親御さんたちからも、家に帰ってきてからできることが増えていて驚いた、行かせてよかったと言っていただけることが多く、うれしく思います。

今は年に一度だけ青年会主催で開校している寺子屋ですが、一緒にやっている仲間の皆が、自分のお寺で恒常的にやれるようになることを目標としています。そうやって学校と家のほかにもみんなの居場所があるよ、と子どもたちに示すことにも意義があると思うのです。

私自身が中学生の頃学校に行かず荒れた生活を送った末に、お寺に入り浸るようになって落ち着いたという経験があります。同じように居場所を必要とする子もいるんじゃないでしょうか。

悲しいことに、夏休みが終わったときが最も子どもの自殺率が高いという統計があります。夏休みに寺子屋を開くのは、ここで体験したことが子どもを勇気づけたり、他者の立場になって考えるきっかけとなってくれれば、という願いがあるからなのです。

坊主まるもうけと言うけれど

お寺の収入は檀家さんや信徒さんからの寄付や、葬儀と法事のお布施から主に成り立っています。加えて私の場合、国内開教師の任務に対する助成としてはじめの三年間は月に二十万円と、お寺の家賃十四万円とを補助していただいていました。

お寺を開いたばかりで信徒さんが一人もいないうちは、寄付は当然ありませんし、最初の半年は法要も少なくて、やはり心配ではありました。宗門からの助成があるとは言っても、期間限定ですから。

ご法要もはじめのうちは、葬儀会社に「喪主さんが心配するから紹介できない」と言われたことがありましたっけ。源妙寺はどう見ても民家ですし、まだ宗教法人ではないので、ちょっと変わり種扱いされてしまって、信用を得るまでにはいくらか時間がかかりました。

それでも、知り合いのお寺が紹介してくださったり、仲介業者からの話を受けたりしているうちに、法要を依頼される件数も増えていったので、ありがたいことです。

また、ご葬儀の参列者の方から、「今度一周忌なのですが、法事をお願いできませんか」と声をかけていただいたことや、当寺に荷物を届けてくださった運送会社のドライバーさんから、「いつも気になっていたんですけれど」と法事の依頼を切り出されるというご縁もありました。

信徒さんもおかげさまで現在五十人ほどいらっしゃいまして、源妙寺のひと月あたりの収入は少しずつ安定してきました。皆様からお預かりした寄付とお布施は、お寺の建立資金として蓄えています。


前述したように、先輩から「お寺は建たないぞ」と叱咤激励されたのは、私が「お寺を建立したい」と、日頃から言っていたからなのでした。

ここで言う「お寺」とは建物のことだけではなく、宗門内での制度も含んでおります。日蓮宗には結社、教会、寺院というものがあって、源妙寺は宗門内での区分上は結社にあたるのです。

法人格を取得するための相談にのっていただいている県庁の窓口で、なぜ結社、教会、寺院と分かれているのかと訊ねられることがありますけれど、信徒数や活動内容による区分があるんですね。そして寺院や教会は、宗教法人格を取得しています。結社のまま活動していくことを選ぶ僧侶もいるのですが、私は将来は宗教法人格を取得して、名実ともに寺院となることを目標にしています。

さて、宗教法人法で定義される宗教団体とは、礼拝施設を所有していることが要件の一つとなっています。そして、礼拝施設のある土地と建物は、宗教法人の所有でなければならず、個人財産であってはなりません。これは礼拝施設が宗教団体の代表者や役員に私物化されたり、借金で差し押さえられたりすることを防ぐための条項です。ややこしいですが、かいつまんで言うと、賃貸や銀行でローンを組んで返済中の礼拝施設では、法人格を取得できないわけです。

布教に力を入れるだけでなく、私はお寺を建立して、そのローンの返済を終えねばなりません。先はまだ長いですが、仏様のお住まいを整え、恩返しの気持ちで頑張っています。

平成二十九年に、ここ越谷の地に土地を取得することがかないました。宮大工さんとの打ち合わせを重ね、暮れにはいよいよ着工の運びとなりました。

さて、「坊主まるもうけ」という言葉があるように、収入について皮肉な目を向けられることもあるのが僧侶です。よく言われるのは「宗教法人は非課税でしょう」という話。

誤解されがちですが、非課税なのは固定資産税や宗教活動で得た収入だけで、僧侶個人の所得に関しては課税されます。先にお話ししたように、建物と土地は私有財産ではないから固定資産税が免除されているだけ。

制度を悪用されないように、行政の審査も厳しくなっています。たとえば、東京都がこの十年で認可した宗教法人は六件。一年に一件通らないのです。また、宗教者が勝手に宗教法人の財産を使用しないように、各宗教も宗派も厳しい監視制度を設けています。

もう一つ、お寺の世界ならではの制度があります。僧侶としての階位、僧階です。日蓮宗の僧侶には最高位の大僧正から駆け出しである准講師まで十二の階位があります。この階位は宗門への貢献度をもとに、宗門の行政部門である宗務院が決定するもので、検討委員会は年に三回から四回行われます。企業で言えば役職にあたりますから、階位が上がることは出世と言えます。

貢献度とは何かと言えば法歴、つまり僧侶としての活動歴です。布教のために活発に活動している人はどんどん階位が上がります。

そして僧階が上がると、宗門に納める課金の金額が増えるんですね。課金は宗門運営のための相互扶助の費用というところでしょうか。中間管理職ぐらいまではともかく幹部にあたるような階位になると、一階位上がれば納める金額が三ケタ以上変わってきます。

文章にするとまるで苦労のようですが、そうではなくて、僧侶は宗門によって育成され、その看板を背負ってはじめて宗教家としての信頼を得るのですから、恩を返すため、そして次の世代を育てるためにも納めていきます。

仏教をとりもどすために
先達の教え、法友の縁

開教するということ

お寺の開き方のマニュアルなんてありませんから、国内開教師の面接に備えての調査のときも、越谷にお寺を開堂することが決まってからも、先達に相談にのっていただけたことが本当にありがたかったです。日蓮宗の先輩はもちろん、ほかの宗派のご住職も多くの知恵を授けてくださいました。

最近でこそ仏教界で脚光を浴びるようになった国内開教ですが、かつては冷ややかな目を向けられていたのです。地元の既存のお寺の側からみれば、檀家さん、信徒さんを連れ去るんじゃないかという警戒もあったでしょうし、新奇なことをする者に秩序を乱されるように感じるのかもしれません。

追い風とは言えない状況の中で、早い時期から新たな挑戦をしてこられた方々はどんな活動をされたのでしょう。

私が東郷寺に奉職していたときからお世話になっていた、一妙寺のご住職である赤澤貞槙上人は日蓮宗の国内開教師第一号です。そして平成二十九年にはついに、一妙寺は宗教法人格を取得されました。

赤澤上人に最初にお話をうかがったとき、「自分のお寺を持ちたいという夢がある」と熱意を語ってくださったのです。当時の私は、布教の拠点を持つことまでしか想像が至らず、本堂を建て宗教法人格を取得して、名実ともにお寺にするなんて、跡継ぎでもない僧侶にはとても無理だと思っていました。

しかし、赤澤上人は在家のご出身で、中学を卒業してすぐに身延山での修行に入られた、私と同じ境遇の先輩です。その方が、「渡邊上人も同じ身延のお山で修行した仲間なのでポテンシャルが高いはずです。大きな夢を持って一緒に進みましょう」と励ましのお言葉をくださった。自分には無理だなどと言っている場合じゃありません。

総本山での修行をやり通せたからには、きっとできるはずなんだ。そう思うと自信がわいてきて、私も一歩を踏み出すことができました。

浄土宗の開教寺院、多摩市にある林海庵の笠原泰淳《かさはらたいじゅん》住職にもお話を聞かせていただきました。

笠原住職も在家のご出身で、会社員をしていらしたのですが、三十一歳のときに出家、仏道修行に入られます。お寺に奉職されたのち、浄土宗の国内開教師の第一号に選定され、平成十三年に浄土宗寺院のなかった稲城市で布教を開始されました。当時はまだ制度も確立しておらず、手探りの状態だったそうです。お寺は稲城市内の賃貸マンションから始まって、平成十七年に聖蹟桜ヶ丘駅から徒歩二十分ほどの場所に立つ中古戸建住宅を購入され、改築して新寺を建立されました。

私が疑問に思ったのは、駅から少し遠い場所にお寺をつくられたこと。それについてうかがうと、「駅から遠くても、縁がある人は来ます。ここは町中に疲れた人が休めるところなんですよ」とおっしゃって、確かにそういった要望もあるだろうと得心しました。

また、「お寺は見た目じゃないよ。お坊さんと仏様の教えがあれば、そこはお寺なんです。このお寺はマンションの一室から始まりましたが、信徒さんも増えて手狭になって、気づいたらここまで来ました」とお聞きし、私は肩の力が抜けたと同時に、いきなりうまくいくことなんてない、一つ一つの努力を積み重ねていってやっと結果が出るのだと、痛切に感じたものです。

国内開教に挑戦した先達は、さまざまな宗派を合わせると首都圏に何人もいらっしゃって、なかには道半ばにして断念なさった方もおられます。うまくいった例だけではなく障害についても知っておきたかったので、断念なさった方にもお話をお聞かせいただけませんかと、厚かましくも頼み込みました。

ありがたくも快諾してくださり「あとから振り返ってみると、一人でなんでもやろうとしすぎたこと、地域に密着した活動ができていなかったこと、地元のお寺との関わりを持とうとしなかったこと等から問題が生じていった」と分析してくださいました。

新規参入者である開教寺院が孤立しやすいという傾向はあるのでしょう。町の中に入っていき自分の活動を知っていただくこと、そして自分の考えを押しつけるのではなく、地域への貢献を意識していこうと思うに至りました。

「仏教をとりもどそう」の合い言葉

埼玉県での開教を目指すのだから、この地域で独自の活動をしている方のお話もうかがう必要があると考え、熊谷市にある曹洞宗のお寺、見性院《けんしょういん》の橋本英樹《はしもとえいじゅ》住職を訪ねました。

見性院は画期的な運営をして宗派を超えて注目されています。天正年間に設立された由緒あるお寺で、多くの檀家さんを抱えていましたが、橋本住職は平成二十四年に檀家制度を撤廃なさいました。代わって信徒制度を導入され、仏教界に賛否両論入り乱れる大激論を巻き起こしたのです。寄付・年会費・管理費・護持会費は一切不要と宣言し、宗教・宗派・国籍を問わず、墓地を分譲するとお決めになった改革は功を奏し、以前よりも信徒さんが増えたことでも知られています。

「自分でお寺を立ち上げたいと思っているのですが」と切り出して、橋本住職が見性院の改革をどのように実行してこられたか、またどういったご苦労があったかをうかがいました。

檀家制度撤廃には仏教界からの反発とともに、檀家さんからも反対する声があったそうです。先祖のお墓はどうなるのかという心配もあれば、長年お寺に親しんでこられた方だからこその「檀家でいたかったのに」という反応もあったようで。心情的にお寺が遠くなるように感じた方もいらっしゃったのでしょうね。

しかし、そうしたさまざまな批判があっても制度を撤廃なさったのは、このままでは寺院は消失する、時代に合わせて抜本的にやり方を変えなくてはならないとのお考えから。そのために誰にも開かれた「みんなのお寺」に変わることを使命とされたのです。

「一人でやるのはいいけれど、最初は収入が十分の一になって、十倍大変になるよ」という忠告もいただきました。「それでもやろうと思うなら、あなたは向いています。」

尻込みしているような顔つきではないので言いました」と言ってくださったのに勇気

づけられ、「よし、やるぞ」とますます闘志に火がついたものです。

お話をうかがったご縁で、見性院が主宰されている宗派を超えた僧侶の勉強会、善友会にも参加させていただくようになりました。月に一度、宗派を超えて僧侶が集まり、マイクを回して、自分がやっている布教活動の工夫や、葬儀の月の依頼件数までざっくばらんに告白し、意見を言い合う会です。寺院の存続の厳しい状況の中、どうやって生き残っていくか真剣に話し合います。

「宗派の違いでいがみあっているような時代じゃない。一緒に仏教をとりもどそうよ」と皆様が口々におっしゃいます。埼玉の僧侶は熱いんです。

都市と地方の問題

善友会で「越谷で開教するなら宝性寺のご住職にも会いにいくべきだよ」と教わり、真言宗の宝性寺越谷別院の仙田智一住職にもお話を聞かせていただきました。

宝性寺の本院は栃木県足利市にあります。どの地方も抱えている問題ですが、本院のある地の人口がゆるやかに減少していく中、都市に活路を見出され、越谷に別院をつくられました。仙田住職は菩提寺を持たない都市住民に注目され、葬儀や法事の相談にのり、相談者の希望にかなう寺院を紹介するＮＰＯ法人寺院ネットワークの代表理事を務めておられます。攻めの姿勢で運営を行われているお姿には、刺激を受けました。

人口減少と過疎化の影響は、お寺にとっても深刻です。檀家さんを失い、運営がたちゆかなくなっている不活動寺院を今後どのように扱っていくのかは、仏教界全体が抱える大きな問題として立ちはだかっています。住職が出て行ってしまったといった話は珍しくなくなり、お寺の仕事だけでは生活を成り立たせられないので僧侶とほかの職を兼業している方も増えています。

そうした、地方ゆえの運営上の困難を抱えている寺院から都市開教に向けられる目は厳しいです。なぜ宗派の本部は都市にばかり支援をするのか、と。また、一般の方からも、新しくやるより住職がいなくて困っているお寺を助けてあげればいいのに、と意見されることもあります。

しかし私は、都市への人口集中が続く限り、都市開教はもう避けられない流れであると考えます。地方ではお寺を必要とする人口が減少している一方で、都市にはお寺が足りない地域もあり、お寺とのつながりのない人口が増えている。既存の寺院の分布ではこの変化に対応できず、もろともに衰退していくしかないのです。地元のみでやっていくことが難しい場合は、近年増えてきているように、人口の多い都市に別院をつくることも考えるべきでしょう。現状では別院は本院の次男の方がつくられているケースが多いですが、より積極的に開堂されるようになっていくものと予想します。

ご葬儀の現場で思うこと

お葬式の形は、仏式だけをとってもかつてとは様変わりしています。華美な式はいらないという考え方から家族葬や一日葬が広がり、戒名は不要とおっしゃる方も増えました。

故人と施主さんの想いに沿うのがいちばん大事なことですので、私はご依頼に沿ったうえで、なおかつ皆さんの心に残るような式にすることを心がけてお勤めしていますが、仏様の教えの本来の意味が伝わっていなくて残念に思うこともあるのです。

どうして戒名をつけるのか

出身地を離れて都市部で暮らすようになり、お寺と関係のない生活をしているという方が増えているので、ご家族が亡くなられると慌てて探した葬儀会社に法要を頼むというご遺族は大変多いです。無理もないことで、それ自体は何も問題はありません。ただ、急な一瞬のおつきあいなので、皆さん一周忌になるとはたと、「またあの会社に頼むのはぴんとこないな。お坊さんのこともよく覚えていないんだけど」なんて思われるようなんですね。そこで、お知り合いからのご紹介で私のところに話がきたり、参列した葬儀で導師を務めていた私に、一周忌のお勤めをしてほしいとお声をかけてくださったり、ということが何度かあるんです。

そのような経緯で私にご依頼をくださった、あるご遺族。故人は戒名はいらないというお考えだったそうで、つけておられませんでした。そして打ち合わせのとき「どうして戒名をつけるのですか」と、ご遺族に質問されました。

日蓮宗では法号《ほうごう》と呼ぶ戒名は、亡くなってからつけられるもののように思われているかもしれませんが、本来は生死は関係ありません。仏門に入り、この世界で道を歩むと誓ったときに与えられる名前です。書道の雅号や茶道の茶名のように、伝統芸能でもその世界の名前をつけますよね。ある道で魂を磨く決意をした人に名が与えられるのは、戒名も同じです。故人は仏様の弟子となって霊山浄土《りょうぜんじょうど》に導かれるので、戒名が与えられます。

こうした意味のあることですので、仏様の教えを学んだ者としては、やはり戒名をつけられることをお勧めしたいです。

このご遺族からは、改めて戒名をつけることを依頼されました。

僧侶は故人がどのような方だったかをうかがって、その生涯を表すことのできる名前を考えます。お好きだったものや仕事のこと、社会的地位、どのように生きてこられた方だったのか、戒名には伝記がつまっているようなものなんですよ。私は一字一字にどのような意味があるかをご葬儀の際に説明し、清書して賞状ファイルに入れてお渡しししています。

僧侶派遣の問題

火葬場でほかのお坊さんとすれ違ったときのこと。そのお坊さんと私は同じ日蓮宗の僧衣をまとっていて、軽く会釈しあいました。そのとき私はなぜか、かすかに違和感をおぼえたのでした。

こちらはお骨あげを待って炉のそばに控えていたところ、先方の炉前読経が耳に入りました。すると「南無阿弥陀仏」とお念仏が聞こえてくるのです。ああ、違和感の元はこれか。日蓮宗では「南無阿弥陀仏」とは唱えません。

そのお坊さんが、何らかの考えがあって超宗派の活動をしている可能性もある。ご遺族がその方に法要をしていただいてよかったと思われたなら、私が異議を唱える必要もないでしょう。

ただ、インターネットで探した葬儀会社に法要を依頼したという方から、「お坊さんを紹介していただいたんですが、お寺はどこにあるんですかとお聞きしたら言葉を濁されて、なんだか心配になって。大丈夫なんでしょうか」というご相談を受けたことを思い出さないわけにはいきませんでした。そのときは結局、私がご葬儀をお引き受けすることになったのですが。実はこういうご相談、結構あるんです。

無資格のお坊さんの葬儀への派遣が、一時取り沙汰されました。破門や僧籍剝奪といろいろ事情があるでしょうが、現状で宗門に属さない、あるいはドロップアウトしたお坊さんが葬儀会社に雇用されていて、葬儀をとり行うのです。人手が足りないときは、本来自分の宗派ではない宗派のお坊さんを装うこともあるとのこと。

無資格のお坊さんが仏式の法要をとり行っても、宗派を名乗らなければ法的には問題はありませんし（宗派を名乗ってお布施をいただくと詐欺になります）、どんな形であれ、悼む気持ちがあるのならそれは供養です。しかし、ご遺族が納得されたうえでなければ、やはり問題があります。

喪主になったときに、こういった場面でもしも心配を感じられたら、僧階証を見せていただくといいでしょう。気配りのいき届いた葬儀会社なら、喪主が言わなくてもコピーを送ってくれます。

きちんとした業者はたくさんありますし、お寺の住職も葬儀会社の紹介ではじめて会う方のご葬儀を務めさせていただくことは多々ありますから、過度に警戒する必要はありませんが、なかには不透明なやり方をしている会社もあると知っておいたほうがいいかもしれませんね。

今や都会では特に、檀家としてお寺とつきあうことが少なくなりましたから、いざお葬式となると、皆さんまずネット検索をしたり広告で見た会社に連絡するでしょう。そこで喪主が情報を持っていないことにつけこむような業者は許しがたいです。

仏教が家の宗教から個人の宗教になり、お寺もお坊さんも選べるようになりました。お経をあげてもらえれば何宗のどんなお坊さんでも結構、というお考えの方もいらっしゃいます。改めて、お葬式を何のためにやるのかという問いが、仏教界につきつけられているのです。

最近話題になったことと言えば、Amazonでチケットが販売されている「お坊さん便」でしょう。仏教界が批判する理由もわかるんです。お布施の定額化、かつ宗教行為のビジネス化と見ることもできますから。

しかし私は、批判ばかりしてもいられないと思うんですね。お布施やご葬儀の意味を説明してこなかった仏教界側の責任もあるからです。

私自身はお布施の定額化には疑問を持っています。

よく言われる「お布施はお気持ちで」という言葉は誤解されがちです。これはお坊さんに対する「お礼の気持ち」ではありません。ご先祖様や仏様に対する「感謝の気持ち」です。だから、機械的に世間の相場に合わせればよしとされるのでなく、その意味を考えていただきたいんですね。

お金を稼ぐのは大変です。時間と労力をかけた結果、やっと得られるのですから。しかしこうして働いている自分の命は、自分で生み出したものではなくご先祖様から引き継がれたもの。ですから、命をいただいたご先祖様や仏様に感謝の気持ちとしてお返しするのだという観点から、考えていただきたい。

また、稼げるお金は人によって違います。世間の相場とされる金額を支払うことが大変な方は、自分にできることを考え、なせばいいのです。金額が先に立つのではありません。

お寺の側が、こういったことを明確に説明するきっかけとなるよう、僧侶派遣は一石を投じたのです。私たちも考えを改める時代がきました。

埼玉の僧侶は燃えている

日本の仏教は葬式仏教、と皮肉な言われ方をするようになって、どのぐらい経つのでしょうか。耳の痛い話ですが、確かにお葬式のまわりのことに注力されすぎてきた傾向はあるという反省が、いま多くの僧侶の間でなされていると言えるでしょう。

お寺に閉じこもっていた僧侶が外に出ようとしている。これが、いま仏教界で起きている変化です。社会参加し、お寺を人と人をつなぐ場所として機能させようといううねりが広がっています。

このたび、児童福祉活動に関心を持つ埼玉県の日蓮宗の僧侶が連携して、埼玉ふれあい家庭児童相談室を開始します。私が事務局長を務めさせていただくことになりました。先にお話しした寺子屋の開校も児童相談室の活動の一環です。実は機能としては昔から存在してはいたのですが、久しく開店休業状態になっていたのを、有志でリニューアルすることに。

自分の悩みすら人に話しにくい世情なので、お寺が受け皿になって話を聞いて、「悩める人のよき理解者になろう」という趣旨ではじめました。なお、お寺が関わっているといっても信仰を強制したりするものではなく、昔でいう駆け込み寺になりたいのです。

私たちはこれまでも各々研鑽し、日蓮宗内の相談員資格をとって、それぞれのお寺で子どもに関するご相談を受けてきました。子どもだけで相談に来ることもあれば、親御さんがお子さんを連れてくるケースもあります。学校生活についての心配事や育児相談など、よろずお受けして、必要な場合は専門機関にもつなげてきました。

こういった活動を組織化して、利用者により安心していただけるようにすることを目的に、今回の発足とあいなりました。

私たちが協力体制をとることになったのは、埼玉県日蓮宗青年会で顔を合わせていたからでした。青年会は県ごとに支部があり、二十二歳から四十歳までの僧が集まって意見交換をし、よき活動を行う組織となっています。来年の平成三十一年は設立五十周年ですが、五十年前といえば学生運動、政治運動の最盛期。その時代の若い僧侶が自分たちの発言の場を求め、社会参加しようとして組織を起こしたのでしょう。ただ、私が埼玉に来たばかりの頃の青年会は安定してしまっていて、活動も毎月集まって懇親会をするのが主な行事になっていました。知り合いもいない土地にやってきた私にとっては、地域に詳しい方々の話を聞けるだけでもためになったのですが、だんだんと、集まって食事をしているだけではもったいないんじゃないかと思いはじめて。そこで、毎月もちまわりでどこかのお寺を会場とし、研鑽の場にしませんかと提案してみたのでした。

その少し前から、親しくなった同世代の僧侶と一緒に、外部の勉強会に首をつっこんだりしはじめていたせいで、自分たちのホームももっと活性化させたいという気持ちになったのです。

頼もしい相棒は、同じ日蓮宗の僧侶で、埼玉県内で活動している仁部前叶《にべぜんきょう》上人です。一緒に企画を立ち上げるなど、なにかと活動を共にするようになりました。法事のご依頼が同じ日時で重なってしまったときは、お互い真っ先に頼む相手でもあります。

彼は埼玉県の杉戸町にある上原寺の次男です。現在はお寺を出て、上尾市にある上原寺の霊園を拠点にしつつ、毎月信徒さんと勉強会を開くなど活発に活動しています。住職であるお父上は、加行所（荒行）を六度成満（つつがなく終えること）した方で、町会議員も務めていらっしゃる地元の名士でもあります。

そんな仏教界のお坊ちゃまであるはずの仁部上人は、よく「生まれはいいが育ちが悪いんだ」と自分で言っておどけていますが、学生の頃はわざと違う世界に身を置こうとしてばかりいて、修行とは無縁の生活を送っていたと言います。

しかし、やはり僧階をとろうと決意して信行道場《しんぎょうどうじょう》に入りました。ところが、「修行生活が始まってみると『自我偈《じがげ》』が読めないんだ。『お前、なんで道場に入ってきたんだ?』って怒られました」なんて、しれっと言うではないですか。『自我偈』は法華経の基礎教養としておさえておかなくてはならないお経で、信行道場に入るための試験でも読まされるはずなのですが……

彼と私とは生まれた環境もたどってきたコースも正反対ですが、なぜかうまが合いました。なんだかんだ言っても、元高校球児で厳しい練習にも耐えてきた人なので根性があり、そこが通じ合うのかもしれません。行動力と勉強熱心さにはかなわないと思うほどです。「本山で修行をしていないぶん、自分で研鑽を積まなくちゃ」ともよく言っています。「源昇さんはブランドで私は無印ですからね。努力しなきゃ源妙寺がでかくなってこっちは侵略される」という憎まれ口つきですけれど。

話が脱線しましたが、集まって話をするのは大事なことで、そこから若者ならではの発想による提案も生まれます。けれど、上の人にもの申すだけではなくて、より主体的な活動ができるといいんじゃないかと思ったんですね。皆それぞれに、今のお寺のあり方に問題意識を持っていて、活動を模索している人も多かったですし、青年会の動き方を変えようという提案は賛成を得ることができました。

最近の青年会では、日蓮聖人のご遺文（お手紙）の研究発表を行ったり、お寺の運営方法について相談しあったりしています。活発な質疑応答があるので、毎回勉強になり、刺激を受けています。「埼玉の空気が変わった」と言ってもらえるので、あのとき提案してよかったと思っています。

日蓮聖人のご遺文『曾谷《そや》入道殿《にゅうどうどの》許《もと》御書《ごしょ》』に「眉は近けれども見えず」というお言葉があります。灯台下暗しみたいな話なのですが。日蓮宗を変えよう、社会を変えようというのも大事ですが、自分に一番近いものから変えていかないと。まずは自分

埼玉日蓮宗青年会の法友たちとの勉強会

のお寺、埼玉のお寺。

教えや活動は広げるものではなくて、広がるものだと信じているんです。活動しているうち賛同する人が現れれば、活動は活発になり、必ず広がるのです。

今を輝かせる

順天堂大学医学部附属順天堂医院にがん哲学外来を開設され、患者さんやご家族を精神的な面からサポートするためのカウンセリングを行っていらっしゃる樋野興夫先生と、何度か講演会でご一緒させていただいたことがあります。

樋野先生は病理医として、がんの研究と診断に携わってこられました。アスベスト（石綿）の被害による中皮腫という希少がんを研究され、その患者さんと面談を重ねるうちに、医療現場はがん患者やその家族の精神的な面の苦痛にまでは手が回らずにいるとお気づきになったことが、開設のきっかけだそうです。平成二十年に開始された活動は賛同者も増えて全国に広がり、場所は病院の中だけではなく外へ出て、薬局や喫茶店、教会、そしてお寺で行われることもあります。

がんという病は、人を不安にさせます。治るのか、なぜ自分が罹患してしまったのかといった悩みを抱かざるを得ませんし、それが治療に差し障ることもあります。先生は患者さんのお話をじっくりと聞き、対話し、またがんを抱えた人や乗り越えた人同士が交流することによって悩みの解消に向かうことができる場をつくられたのでした。

樋野先生から、医療ではなす術《すべ》のなくなった患者さんに、最終的に寄り添うことができるのは宗教者しかいないんですよと言われたことがあります。終末期の患者がどのように生きるか、死後のことも含めて話ができるのはあなたたちだ、と。我々僧侶のなすべきことについて、考えさせられるお言葉をいただきました。

そのお話をうかがった後、ご病気で余命を宣告されている方が、病気平癒のご祈願で源妙寺にお越しになったのです。一心に木刀を振りご祈禱させていただいて何かしら心に響くところがあったのか、お具合からすると大変だったはずですが、それから何度か足を運んでくださいました。そして回を重ねると気持ちが落ち着いていらしたのか、心境を話してくださったのです。

「孫が大きくなったところを見たかった。家族にもっといろいろやってあげたかった」とおっしゃいました。また、お孫さんに「もう私は長くないことを伝えるかどうか迷っている」とも。

お孫さんは小学生ということでしたので、隠す必要はないのではないでしょうか、そして、ちゃんと伝えたうえで、あなたがお孫さんに対して「今何ができるか」を考えてみませんかと、私は申し上げました。

「でもどうすれば」と言われたので、お手紙を書かれることをおすすめしました。手渡しでなく郵便でいいですから、ご家族に伝えたい気持ちも、覚えていてほしいことも、お手紙にしてくださいと。

次にお越しになったとき、「手紙を出しました」とおっしゃっていました。


より積極的に終末医療に関与している僧侶もいます。日蓮宗僧侶の先輩である川越市の円真教会の星光照《ほしこうしょう》住職は、病院に行って終末期にある患者さんのお話を聞く、臨床仏教師としても活動をしておられます。
臨床仏教師とは医療機関や被災地、福祉施設などで、心理面でのケアを行う宗教者です。東日本大震災の後、被災地にさまざまな宗教団体が支援に入ったことがきっかけで、養成講座が設立されることになりました。講座で学んだ臨床仏教師たちは、布教を目的とせず活動しています。

究極のところ私たちにできるのは、お話に耳を傾けることだけです。ただ、家族には明かせない気持ちでも僧侶には言える、ということがあるのでしょう。特に、病を得て、生きるか死ぬかという場面を迎えた際の不安や苦しみは、親しい間柄の人にこそ言いづらいかもしれません。樋野先生がおっしゃっていたことを、最近もよく思い返しています。

お釈迦様が最初に説かれたのは四苦という問題でした。四苦とは生、老、病、死のことです。生がなぜ苦しみに入るのかと質問されることがありますが、生まれれば必ず死が訪れるからです。そのあいだに老、病もあります。わかっているようで、皆向き合っていない事実です。「一切皆苦、諸行無常」で、人生は思い通りにはならず、すべてはうつり変わってゆきます。そのことを受け入れ、今を輝かせることが仏教の智慧なのです。

日蓮聖人が書かれたご遺文（お手紙）『妙心尼御前御返事《みょうしんあまごぜんごへんじ》』には「この病は仏の御はからいか　病によりて道心はおこり候か」というお言葉があります。病にかかったことが「仏様のはからい」であり、この「はからい」によって、人は自分の求める道「道心」がはじめてわかるものなのだと説かれているのです。

つらい病を得たことを、そのように前向きに考える気がしないというご意見もありそうです。それはごもっともだとも思います。しかし良いことも悪いことも受け入れることは、苦しみから解放してくれます。過去の悔やみでも未来の不安でもなく、今このときの自分自身を生きてください。

第二章　私はこうしてお坊さんになった

十五歳、出家する

私はサラリーマン家庭の生まれで、守らなければならないお寺があったわけでもないのですが、お坊さんに憧れて出家しました。

生まれた長崎は、昔からキリスト教の盛んな土地ですが、江戸時代にはキリスト教は激しい宗教弾圧を受けています。その時代には仏教の檀家制度によって、住職が檀家を見張る役目も果たしていました。現代にも月命日の習慣は残っていますが、僧侶が月命日に檀家の家々を訪問し、お経をあげるのは、その時代に生まれた決まりがもとになっていると言います。歴史の暗い一面です。

私の生家は日蓮宗寺院の檀家で、月命日にはお坊さんに仏壇でお経をあげていただいていましたので、幼い頃から仏教は身近にありました。家にお越しくださったお坊さんの隣に座り、お経をあげる真似をしたものです。

信徒といっても、両親には信仰の意識は特になく、葬儀のときだけ先祖から伝わってきた通りにするという、現在の日本人の平均的なタイプです。祖父母は仏様をお参りすることに熱心で、お寺に参詣することもよくあり、そんな折には私を連れて行ってくれました。前の章でもお話ししましたが、故郷のお寺は私の中で、年中行事の楽しい思い出とともにあります。


さて、中学に入った私はヤンチャをするようになりました。仲間と遊びまわり、学校をさぼってばかりいて、家にろくに帰らなくなりまして。

家にも学校にもよりつかずに何をしていたかというと、もっぱら働いていたのです。地元の先輩の店を手伝ったときにバイト代をもらったのがきっかけで、小遣い稼ぎに味をしめ、登校もせずにあちこちで駄賃仕事をしていました。

お金が手に入るうれしさもさることながら、なにより自分の居場所が見つかった気がしました。いっぱしに世間を知ったような気になって、大人ぶりたくて、机になんて座っていられないとも思っていました。

幼馴染の家の魚屋さんの厨房での洗い物や、地元の先輩のやっている店の手伝い、お祭りの出店の売り子など、友達や先輩に声をかけられたら片っ端からやりました。ヤンチャな仲間たちと、親御さんの鷹揚な家を皆で泊り歩いて。そのような生活をしているうちに中学二年の出席日数は、とうとう三十五日になりました。

親はどうしていたんだ、と言われるかと思います。それが私の両親は頭ごなしに叱るということはなく、かといって無関心なわけでもなく、ただ淡々と私の行状を見ているように思えました。たまに家に帰って寝て、朝、顔を合わせたとき、「今日はどこに行くのよ?」と母に聞かれると、私も悪びれずに「○○屋の手伝い」などと答えていました。母がそれで怒り出すということもなかったのです。

学校に行けとは言いませんでしたが、「勉強はしなさい。社会に出たら頭は使うよ、それは承知しておきなさい。行動の責任は自分でとりなさい」とは再々言われていましたね。自分は親に信頼されているんだ、だからこそ、悪さをしても人を傷つけるようなことは絶対しないぞという意識はいつも頭にありました。

しかし、私はとうとう親の信頼を裏切ることをしてしまったのです。駐車されているバイクの鍵をこじあけて無免許運転。当然の帰結として窃盗罪に問われ勾留されました。弁解の余地もありません。

不起訴処分となり、自宅に戻った数日後の朝。食卓には担任の先生と生徒指導の先生が待ち構えているではありませんか。

「普通の制服持ってる?」と訊ねられましたが、「短ランしか持っていません」

「じゃあ黒い服を着ておきなさい」

それで、黒い私服を着て久しぶりの通学となったわけです。

そんな学校生活を送っていた私に、校長先生は「君ならできる」と高校入学の推薦も書いてくださいました。どうお礼を申し上げてよいものか言葉もありません。

当時を思うと、いつも親からも先生からも「信頼しているからね」というサインを出してもらっていたような気がします。道をふみはずしかけたのに、周囲の大人たちが見放さずにいてくれたから、私はまた戻ってこられた。

そのように、両親や先生からは信頼されていると思えた私ですが、さすがに同級生の親御さんたちからの評判は悪く、挨拶しても無視されてしまうこともありました。そんな中、珍しくも私を受け入れてくれる大人が現れたのでした。同級生の父上である日蓮宗寺院のご住職です。

ある日、親は出かけているから遊びにおいでよ、と友達に誘われて、仲間たちと連れ立ってお寺に行ったのですが、なぜかご住職がいらっしゃる。「よく来たね」と迎えてくださって、「食事していきなさい」と鍋を出していただいた。そういえば、親と鍋を囲むことすら何年もなかったな。そんなことを思い、皆で賑やかに話をしながらご馳走になりました。

その数日後、ご住職から「お寺のことをやるから、この日に来なさい」とお声がかかったのです。行ってみて仰せつかったのは、木の枝はらい、草刈り、本堂の掃除やお供えの整理など。それからも度々、お声をかけていただけるようになりました。

山の中にあるお寺で、車が入らない道を行くトロッコに乗り、木を切り出すのは面白かった。暮れにはお正月の準備を手伝い、門松の作り方も教わりました。一緒に手を動かしながら、ご住職とよもやま話をするのも楽しく、また折々に話してくださる仏様のお話にも興味がわいて、私はお寺に行く日を心待ちにするようになりました。

中学三年生になると、進路の話も出ます。「将来どうするんだ」と聞いてくださったご住職から「お坊さんにならないか。センスがあると思うぞ」というお言葉が。

私の家族は、父は設計士で曾祖父は戦艦大和のエンジンの設計士。その影響もあって、ものづくりができるような仕事につけるといいなとは漠然と考えていたのですけれど、ご住職は「この人みたいになるのもいいかもしれない」と思える大人だったのです。

私は「なります」と即答しました。

父は仕事の愚痴をこぼすことや、「世間に出ると大変なことがあるんだぞ」と私に語りかけてくることもありました。当時、建築業界はかなり大変だったようですし、大人になった今ではそう言いたかった気持ちもよくわかります。そんな話で親や仕事に幻滅したわけでもなかったのですが、それほど世間は難しく辛いものなのかという疑問を抱くところはありました。

そんな中でご住職は「楽しそう」だった。こういう大人がいるならば世間は楽しいのではないだろうか、それを信じてみたい、と将来を考えはじめた中学生の私は思ったのです。

帰宅して両親に「俺はお坊さんになるよ」と告げました。もっと驚かれるかと思いましたが、母の返事は「あっ、そう。いいんじゃない」という、拍子抜けするようなあっさりしたもの。父のほうは「儲かりそうでいいな」と言ったので、何を言っているんだと思いましたが、それだけ会社が大変だったのかもしれません。

両親に話したことを報告すると、ご住職は一升瓶と蛸をお持ちになって我が家を訪ねてこられました。そして「真太郎君を出家させます」とおっしゃいました。

こうして私はお坊さんになることが決まりました。中学三年の秋のことです。

出家するとどうなるか

出家が決まって、ご住職がおっしゃいました。

「出家とは、お釈迦様がすべてを捨ててお城を出たときのようなことなんだよ。それをわかってくれ」

仏教の開祖であるお釈迦様は釈迦族の王子として生まれ、出家する前は妻子もいて、お城に住んでいました。しかし家族も財産も身分もすべて捨てて、仏道修行に没頭したのです。

今まで持っていたものはすべて捨て、私は仏道の世界に入るのだと決意を新たにしました。

出家をしただけではお坊さんにはなれません。信行道場で修行をして僧侶の資格を得て、はじめてなれます。

修行にはさまざまな道筋がありますが、私は日蓮宗の総本山身延山久遠寺に入山し、修行をすると決めました。総本山とは、宗派を代表する寺院のこと。身延山高校の仏教コースで学び、学校以外の時間は総本山でさまざまな修行を積むのです。入山するには出家をすることが必要。

十二月、入山試験と高校の試験を受けました。

入山試験には面接があり、出家の意志について詳細に確認されます。一般家庭で育った子どもが厳しい修行の世界に入ろうとするのですから、軽く考えてはいないかと問いただされるのも無理はありません。

なぜ出家したかを訊ねられ、私はご住職に出会いお寺の仕事に興味を持ったからだと答えました。そのほかに習字ができるか、お経を読めるか等々の質問をされますが、当然「できません」という答えばかりになります。

最後に「食べられないものはあるか」と聞かれて「イクラです」と答えると、「出ないよ」と即答され、面接は終わりました。

それでも出家の意志はかたいと判断していただけたのでしょう。合格通知が届いて、修行の切符を手にできたのです。

合格発表の後に祖父が、自分も若い頃に僧侶になりたいと思っていたことがあったんだと言ってきました。両親も賛成してくれていたけれど、曾祖父が早く亡くなり、長男である祖父は当時、家長として家族を支えねばならなくなったので、家を捨てる修行の道はあきらめたというのです。

はじめて聞く話でしたが、祖父も私の選択を喜んでいるのが分かりました。三代かかってその夢をかなえることも私の使命なのかもしれません。

後に知った言葉で、「罪障《ざいしょう》消滅《しょうめつ》」という仏教の言葉があります。僧になった者の先祖七代と子孫七代は御仏に救われるという意味です。祖父のかつての夢の話を聞き、私は家族のつながりを感じましたが、私がいま僧として生きていることは、子孫にどのような意義を与えることができるでしょうか。

ただ、合格がわかったときには、そこまで大きな期間のことは考えてはおらず、祖父のためにも力を尽くそうと思うばかりでした。

中学の卒業式の翌々日、長崎のお寺で得度式を迎えました。

得度式とは出家の儀式で、水をかぶることから始まります。乾いた白衣に着替えさせてはもらえますが、三月の肌寒さの中、衣一枚で震え上がったものです。

本堂に移動すると式開始。住職がお経を読み上げられて、そのあと髪の一つかみを切っていただきます。お相撲さんの断髪式は少しずついろんな人が鋏を入れていきますが、そのように優雅ではなく、すぐに副住職に外に連れ出され、頭をバリカンで刈り上げられました。

再度本堂に戻って、袈裟と数珠をかけていただきます。形だけは僧の身なりになりました。それから暗記した口上を述べます。

「仏の身になるまで、この教えを保ちます」

住職が仏様に報告して、得度式は終了です。

水をかぶったうえに、剃髪で髪の毛がなくなって、寒さが思いのほか体にこたえた

郵便はがき

料金受取人払郵便

新宿局承認

5338

差出有効期限
平成31年9月
30日まで

切手をはらずにお出し下さい

1608791

343

(受取人)
東京都新宿区
新宿一-二五-一三

原書房

読者係 行

1608791343 7

図書注文書（当社刊行物のご注文にご利用下さい）

書名	本体価格	申込数
		部
		部
		部

お名前　注文日　年　月　日

ご連絡先電話番号（必ずご記入ください）
□自宅　（　）
□勤務先　（　）

ご指定書店（地区　）（お買つけの書店名をご記入下さい）

書店名　書店（　店）

帳合

5471

お寺はじめました

愛読者カード　渡邊源昇 著

＊より良い出版の参考のために、以下のアンケートにご協力をお願いします。＊但し、今後あなたの個人情報(住所・氏名・電話・メールなど)を使って、原書房のご案内などを送って欲しくないという方は、右の□に×印を付けてください。　□

フリガナ
お名前　　　　男・女（　　歳）

ご住所　〒　　－

市　　町
郡　　村
TEL　　（　　）
e-mail　　@

ご職業　1会社員　2自営業　3公務員　4教育関係
5学生　6主婦　7その他（　　）

お買い求めのポイント
1テーマに興味があった　2内容がおもしろそうだった
3タイトル　4表紙デザイン　5著者　6帯の文句
7広告を見て(新聞名・雑誌名　　)
8書評を読んで(新聞名・雑誌名　　)
9その他（　　）

お好きな本のジャンル
1ミステリー・エンターテインメント
2その他の小説・エッセイ　3ノンフィクション
4人文・歴史　その他（5天声人語　6軍事　7　　）

ご購読新聞雑誌

本書への感想、また読んでみたい作家、テーマなどございましたらお聞かせください。

郵便はがき

料金受取人払郵便

新宿局承認

5338

差出有効期限
平成31年9月
30日まで

切手をはらずにお出し下さい

160-8791

343

（受取人）
東京都新宿区
新宿一―二五―一三

原書房

読者係 行

1608791343 7

図書注文書（当社刊行物のご注文にご利用下さい）

書名	本体価格	申込数
		部
		部
		部

お名前　　注文日　年　月　日

ご連絡先電話番号（必ずご記入ください）　□自宅（　　）　□勤務先（　　）

ご指定書店（地区　　）（お買つけの書店名をご記入下さい）　帳合

書店名　書店（　　店）

5471

お寺はじめました

愛読者カード　　渡邊源昇 著

＊より良い出版の参考のために、以下のアンケートにご協力をお願いします。＊但し、今後あなたの個人情報(住所・氏名・電話・メールなど)を使って、原書房のご案内などを送って欲しくないという方は、右の□に×印を付けてください。 □

お名前《フリガナ》　　男・女（　　歳）

ご住所　〒　　－

市　町
郡　村
TEL　（　　）
e-mail　＠

ご職業　1会社員　2自営業　3公務員　4教育関係
5学生　6主婦　7その他（　　）

お買い求めのポイント
1テーマに興味があった　2内容がおもしろそうだった
3タイトル　4表紙デザイン　5著者　6帯の文句
7広告を見て（新聞名・雑誌名　　）
8書評を読んで（新聞名・雑誌名　　）
9その他（　　）

お好きな本のジャンル
1ミステリー・エンターテインメント
2その他の小説・エッセイ　3ノンフィクション
4人文・歴史　その他（5天声人語　6軍事　7　　）

ご購読新聞雑誌

本書への感想、また読んでみたい作家、テーマなどございましたらお聞かせください。

のか、翌日から高熱を出しました。

三月の末、ついに長崎を発ち、山梨県にある身延山久遠寺へと向かう日がやってきました。両親はあっさりしたもので、家を出るときに「達者で」と送り出してはくれましたが、一人の旅立ちです。出家者ですから、それぐらいでなくてはなりません。友人たちは駅に見送りに来てくれました。

さあ、修行のはじまりです。

総本山へ

日蓮宗の総本山、身延山久遠寺で、日蓮聖人は法華経の読誦《どくじゅ》と門弟たちの教導にお励みになり、弘安四（一二八一）年には身延山妙法華院久遠寺を建立されました。翌年には、聖人は療養と墓参のために下山され、生涯を終えられるのですが、「いずくにて死に候とも墓をば身延の沢にせさせ候べく候」というご遺言を残され、ご遺骨は身延山に奉安されました。それゆえ身延山は日蓮宗の聖地となったのです。

山梨に着いたその日、東京のお寺に奉職しながら大学に通っている兄弟子が身延山にわざわざ来てくださり、私を案内してくださる……はずでした。しかし、山が広すぎて待ち合わせに失敗したのです。新入寮生向けのオリエンテーション会場には、自力でどうにかたどりつきました。

「遅れてすみません！」と言いながら入っていくと、先輩方が私の手荷物を一瞥して「何を持ってきてるんだ」とおっしゃいます。入山のしおりのようなものに持参する品は書いてあったのですが、実は私にはそこに書かれているものが何を指しているのか、さっぱりわからず、ええいままよと適当な物をひっつかんできたのでした。

結局、先輩が寮まで走って、私の荷物を持ってきてくださいました。汗をかいた先輩に「お前の名前、しっかりと覚えたぞ」と言われたのを思い出します。


高校の入学式までの十日間で、お寺の生活の基本を大急ぎで詰め込まれるのですが、これがきつくて。お寺の生まれの同級生は少々の作法の心得もあり、法衣も着慣れていますが、私は作法どころか正座すらろくにできず、法衣を着付けることはもちろんたたみ方もわかっちゃいないので、自分はこんなに何もできないのかと呆然とするばかり。

そして、朝から晩までぎっしりと詰まった予定には目が回りそうでした。四月に入り、日中は学校で生活するようになると「学校って極楽だな……」と思ったほどです。

寮のしくみ

総本山の寮に住むのは、身延山大学と身延山高校で仏教を学ぶ修行僧です。十畳ほどの和室に三〜四人の修行僧が生活していました。大学四年生は個室、大学三年生から高校一年生までが一部屋で共同生活をしています。

寮は学生の自治で運営されています。それというのも、修行は学年が上の学生から下の学生に伝えられるものだから。教師がいるのではなく、先輩が絶対的な指導者です。命令系統が徹底しているので、総本山の事務を行う山務員の方々が学生に手伝いを頼むときも、直接学生に言ってはならなくて、上級生を通すと決まっています。

携帯電話の所持は禁止されています。テレビはなく、新聞は事務所の掃除当番のときに一瞬読むのみ。情報から隔絶された山の中で、十人ほどの同級生たちとともに、私のお寺の生活がはじまりました。

総本山の朝

総本山の朝は早い。夏場は一年生は四時起床、先輩の衣の準備と自分の支度をして四時半に水をかぶり、袈裟に着替えたら五時からは鐘を鳴らしたり戸を開けたりと各自の当番の仕事。そのほかにも灯明やお線香をつけることなど、用事は山のようにあります。なんといっても広いので、作業量は膨大。いずれも当番制で行っていきます。

時間を知らせたり合図をしたりするには、板木《ばんぎ》や半鐘《はんしょう》、大鐘《おおかね》を当番が鳴らします。鳴らす時間の三十分ほど前から待機するのですが、一年生は足袋をはくことを禁じられていますから素足で板の間の外廊下に立つ。山の中にある総本山は底冷えがして、冷気が足の裏からしみいります。

そんなとき、通りがかった上級生が一年生の足下に雑巾を落として行くのです。はじめは何のことやらわからずにいたのですが、つまりはその上に乗っていいよという意味なのでした。誰もが一年生のときに経験していることですので、自分が上級生になると助け船を出すわけです。

五時半には朝のお勤めがはじまります。冬場は三十分遅くなります。

朝のお勤めでお塔婆をお申し込みになる参拝者もいらっしゃいますので、受付のための準備をします。

朝のお勤めでは妙法蓮華経八巻を、一日に一巻の四分の一ずつ読みます。三十二日周期で八巻のお経を読み終えることになり、これを繰り返します。

お勤めの際は本堂、祖師堂《そじどう》、仏殿、納骨堂、稲荷堂、境内など各所で読経するのですが、学年によって行く場所が分かれています。

境内では朝日に向かってお経をあげます。日天子《にってんじ》にお参りするためです。日天子はバラモン教から仏教に取り入れられた神様で法華経に表されており、日蓮聖人は『松野殿御返事《まつのどののごへんじ》』で法華経の信仰者を守護する神であると説いていらっしゃいます。

お経を読み終えた頃、あちこちから「食《じき》!」「食!」という声が聞こえます。これは食堂《じきどう》に移動する合図で、当番の者が呼びに来たのです。時間で区切られているわけではなく、読経が終わった時点で合図をするのは、参拝者が多いときは祈願や供養の申し込みが多くなるので、時間が押すこともあるからです。

お経を読み終えた学年からそのまま食堂に向かい、皆が揃ったら朝食をとります。献立はご飯と味噌汁。そして食事を終えたらその場でお経をあげるところまでがワンセット。食事も修行の一つなのです。

寮生の食事は食堂にお勤めの調理員さんが作ってくださるのですが、修行の一環として自分たちの食事を作る役目をになう者もいます。彼らは総本山の住職である法主《ほっす》猊下《げいか》と、部長のお住まいである上寮《うえりょう》で調理を行います。

総本山で暮らす僧侶と修行中の寮生の住まいは上寮、下寮《したりょう》に分かれています。大奥とも呼ばれる重役の住む上寮は、寮生たちにとっては謎に包まれた空間でした。大奥での調理は先輩から後輩に教えられますが、本格的な技術まで教えられるそうです。これで料理に目覚めて、料理の道に入った先輩もいらっしゃいました。

朝食を終えると掃除が待っています。走って部屋に帰り、作務衣に着替えたら、掃除道具を持って持ち場に急ぎます。広いお寺の清掃を登校時間までに終えなくてはならないので時間との勝負。毎朝綱渡りでした。

仏教コース高校生の一日

四月からは晴れて身延山高校仏教コースの生徒となりました。ここは僧侶となるための知識と実践的技術を学ぶ学校です。一学年一クラスのみで人数は二十数人だったと記憶しています。私と同様に本山から通学する生徒のほかに、お寺の宿坊に下宿している生徒もいました。宿坊はもともと僧侶や参拝者のための宿泊施設ですが、近年は一般観光客の方も受け入れていて、下宿生は宿泊者のお世話もします。

さて、私たち寮生がお寺の掃除を終え、ダッシュして教室に滑り込むと、九時から授業開始です。普通科でも習う教科のほかに宗教学や法華経を学ぶ科目があるのが仏教コースならでは。こんな科目があります。

・仏教大意……仏教の歴史と「生徒信条」を学ぶ
・釈尊伝……お釈迦様の伝記
・祖伝……日蓮聖人の伝記
・法華経大意……法華経の内容、法華経要語

・宗義……さまざまな宗教や宗派、また生と死について考える
・宗門史……日蓮宗の歴史
・祖書……日蓮聖人の御遺文を学ぶ
・仏教概論……仏教の基礎的な要語の理解
・法要式ⅠⅡⅢ……僧侶として必要な知識や技術の習得

午前中の授業が終わると大急ぎで寮に戻り、食堂で昼食をかきこみ、昼の掃除をします。昼は境内など野外の清掃をすることになっていました。

学校に戻って午後の授業を終え、山に帰ると午後の掃除。今度はお堂と、自分たちの住む寮内の掃除です。そして夕方に暮れ六つの鐘（午後六時）が鳴ったらすぐにトイレ掃除を始めます。

すべての掃除は、上級生のチェックを受けなくてはなりません。時にはやり直しを命ぜられることも。全部終わるのが夜の八〜九時になることもありました。その後は夕食にありつけます。

食事どきも一年生は気が休まりません。お茶を淹れたり、いろいろと仕事がありま す。味わって食べる時間はなく、かきこむのがやっと。そして食事が終われば食堂を 掃除してピカピカにします。食堂は衛生面も大切なので、この食堂の掃除が一番大変 でした。

その後に入浴、夜の点呼があり、ようやくお寺の一日の仕事はおしまい。ただし寮の同室の先輩の衣を洗うなどのお世話もあれば、学校の予習復習や、習字だってしなくてはなりません。その日のうちに就寝するのは難しかったです。

一に給仕

本山の教訓は「一に給仕、二に修行、三、四がなくて五に学問」で、この書が廊下にも貼ってありました。

給仕とはお世話を自分から進んですることです。お勤め、掃除、先輩のお世話といったことすべてが入ります。

「昔流した涙や汗が今の笑顔の糧となる」とも言われます。若い頃の苦労の経験がないと人の気持ちがわからないから、と。

学校は楽だなあと思った、とは先に言いましたが、対する寮生活の修行とて、大変ではありましたが苦しいと思ったことはなかったと言い切れます。理不尽に怒られるようなことはありませんでしたし、注意されたことの一つ一つもっともだと思えることでした。

たとえば、スリッパを部屋の入口に並べるよう指示され、私は一足をくっつけて置いたのですが、これでは駄目だと注意された後、「あいだを二センチ離すと履きやすくなる」と指導を受けました。

人のために自ら進んで行動すること、それも体を実際に動かすこと。そして気づくこと。総本山の修行で教わったことはすべて、これに尽きると思います。

日蓮聖人のお手紙に「教主釈尊の出世の本懐は人の振舞《ふるまい》にて候《そうら》いけるぞ」という言葉があります。これは、仏様がこの世にお出ましになった本当の願いは、私たちの行動に現れているという意味です。

仏様はお生まれになり、私たちに教えを残していかれました。行動の中に教えがあるという気づきを得ることが肝心です。

歌舞伎俳優の故・中村勘三郎は「型があるから型破り。型が無ければ単なる形無し」とよく話されていたそうです。仏道修行もよく似ています。型を徹底的に教わり、それを完全に体にたたき込まないことには、仏教者にはなりえず、型が身に着いてはじめて、自分で工夫ができるようになる。

総本山で過ごした三年間のうち、後半に入ると上級生からの指導が変化しました。型を覚えて自分で行動することができるようになった二年生たちへの言葉が、覚えるべき事項の命令からアドバイスに変わってくるのです。また、入学したてのころは何一つわからずにいた私も、教わったことを自ら進んでやるようになると、自分が変わってきたのに気づきました。

「見方が変わると味方が変わる」とはよく言ったものです。

掃除の大切さ

仏教のいずれの宗派でも同じような考え方をしますが、修行の一環として、自分の身のまわりの環境をよくすることは重視されます。見ている他者が気分よくいられるように。この考え方は、まわりにも利を施すという菩薩の精神から来ているのです。場所を清浄にすることはもちろん、常にきれいな衣や足袋や袴を身に着けることも重要です。

そういったわけで、修行の中でも特に大事なのは掃除。総本山での修行をはじめた寮生がまず教わるのは掃除の仕方。確立された作法があり、その通りにやらなくてはなりません。

お寺の掃除というと、ある年齢以上の方にはテレビアニメ『一休さん』の雑巾がけが目に浮かぶのではないでしょうか。小坊主の一休さんたちは、雑巾を掌で押さえ、後方から前方に向かって駆け出して進み、床を拭き上げていましたが、これは実際のお寺の作法とは異なります。

お寺で床の拭き掃除をするときは、コの字を描くように雑巾を動かして、前方から後方へと後ずさりして移動するのです。こうすれば、拭いたあとに足跡がつくこともありません。

テレビで自衛隊員の方が掃除をしているのを見たことがあります。自衛隊でも掃除はすべて手順が決まっていて、入隊するとすぐに徹底的に教えられるそう。細かいやり方は違えど決まりの部分はお寺と同じです。

たとえばお寺のトイレ掃除は、ブラシで便器の汚れを落としたのち、素手で磨いて仕上げると決まっています。雑巾は使ってはなりません。

総本山には毎年百万人を超える来訪者があるほどですから、一日に何度もの清掃が必要です。寒い季節はトイレ掃除で手にひびができ、腫れあがりました。寮生たちのあいだではユースキンが効くと評判で、皆、冬はこの軟膏を手に塗りこんで軍手をはめて寝ていましたね。

実は二年生からは、雑巾を使わせてもらえるようになるのです。こうなってみてはじめて、雑巾はありがたいものだと心底思いましたが、それをわからせるための修行でもあるわけです。また、お許しが出る際に、布のありがたさを知る話を先輩がしてくださいました。

お釈迦様の時代には、僧が身につけるのは袈裟だけでした。それも、教えを説いた相手が自分の着ている衣をちぎって施してくれるような端切れを縫い合わせ、茶色く染めて作った、糞雑衣《ふんぞうえ》という袈裟です。糞を拭くくらいしか用途のない布を身に纏うということで、執着を棄てる意味もありました。今でも僧侶が身につける袈裟は基本的に茶色ですよね。

将来、私たちが修行を終えてお寺に入ったとき、信者さんや檀家さんが袈裟を奉納してくださることもあるだろう。その布の重み、袈裟の重みを知っておけ、というのがお話の締めくくりでした。

高校卒業、東京へ

やがて、身延山高校での学校生活も終わりが見えてきました。総本山に来たばかりのときは、日々の仕事の大変さに音をあげそうになったこともありましたが、三年生にもなるとやりがいを強く感じるようになり、もはや家に帰りたいとも思わなくなっていました。

ともに仏教コースに入学した同級生は二十人ほどいたのですが、卒業するときには九人になっていました。総本山の寮生のほかに宿坊から通っていた者や自宅生も合わせての人数です。体を壊してしまった者もいれば、寮や学校の規律になじめなかった者もいました。生家がお寺だという生徒でも、自分の意思で入学したのでないと卒業まで駆け抜けるのは厳しかっただろうと思います。一年生の、三日だけある夏休みに帰省してそれきり戻らなかった生徒もいました。

寮生活は特に、入学前には想像がつかないことが多くあります。入学試験の面接では、厳しい生活になるので覚悟を決めてほしいと親もかなりきつく言い含められますが、子どもからの電話で心配して様子を見に来られた方もいらっしゃいました。そして親御さんと一緒に帰ってしまう生徒も。

中学を卒業したばかりの子どもが特殊な環境に身を置くのですから、途中で方向転換することがあるのも無理はありません。最善の道をそれぞれが見出すべきです。ただ、あのとき親御さんが迎えに来なければ、もしかしたら彼も一緒に卒業したのではないかと顔が思い浮かぶ同級生もいます。

親が子どもを心配するのは、一面では子どもを信用

高校の修学旅行。ハワイの日蓮宗別院へ行きました

できていないという意味にもなります。送り出すと決めたなら、行ってこいと言わなくてはならないのではないでしょうか。

ちなみに私の母ですが、私がはじめて総本山から電話した際には「頑張っているのね。新天地で精進しなさい」とだけ言って、あっさりと電話を切りました。それは「あなたならできる」と私のことを信用してくれていたからだと、今はわかります。たまにしか電話がなくても、「連絡がないのは達者な証」と思っていたようです。


卒業後、私は東京の立正大学仏教学部に進学し、杉並区の本山堀之内妙法寺にお世話になることが決まりました。本山は宗派の中の特別なお寺のことで、総本山、大本山に次ぐ地位です。

東京メトロ丸ノ内線新高円寺駅の近くにある堀之内妙法寺は厄除けで有名で、東京西部では特によく知られています。歴史は古く、徳川秀忠が将軍だった元和時代には開堂されていたそうです。

こちらのお寺での修行は、総本山での生活とは少し違い、「現場」での修行となりました。寺務所にいて参拝者の対応やご祈願の受付、御朱印を書くなどの山務（お寺の事務）をしたり、ご法要を行う導師のお付きである式衆《しきしゅう》などのお務めをしたりします。朝五時から夕方五時まではお寺の修行をし、夜六時から九時までは大学で講義を受けます。

立正大学の名称は日蓮聖人が著した『立正安国論』に由来しており、日蓮宗の僧侶の教育機関である檀林《だんりん》が前身。仏教学部宗学科では仏教を体系的に学び、日蓮宗僧侶の資格を取得するために必要な勉強ができます。

お坊さんをやりながらの大学生活は多忙でした。とはいえ、次から次へとやることがあったので、かえって休みについて考える間もなかったなあと思います。

僧階を得る

大学四年の夏休みを終えたとき、私はお坊さん見習いからお坊さんになりました。どういうことかと言うと、僧侶の資格である僧階を得たのです。

日蓮宗の僧侶になるには以下の過程を必要とします。

得度《とくど》

度牒《どちよう》

大学卒業資格と僧階単位を取る。または試験検定に合格する。

僧道林《そうどうりん》に入林

信行道場《しんぎょうどうじょう》に入場

読経の試験

「得度」とは、仏門に入ることです。得度届の書類を宗門に提出し、師匠のお寺で剃髪します。

「度牒」は、日蓮聖人の弟子になるという宣言です。僧籍に加わったことになりますが、まだ僧侶として認められたわけではありません。あくまでも僧侶候補としてエントリーされたといったところです。年に四回開催されることが決まっており、時期は自分で選びます。一泊二日の合宿の朝、千葉県の清澄山でお天道様を拝みながら、誓いの言葉を唱えるのです。

参加者は毎回、小学三年生から年配者まで広い年齢層におよぶので、ぱっと見には何の集まりかよくわかりません。仏門に入るという宣言ですから、決意したときが参加のときなんですね。

なぜ清澄山なのかといえば、立教開宗《りっきょうかいしゅう》の地だからです。日蓮聖人が三十二歳のとき、ここで日の出に向かって南無妙法蓮華経を唱え、開宗されました。
弟子になろうという私たちは、聖人の次の言葉を朝日に向かって唱えます。
「我、日本の柱とならん。我、日本の眼目《がんもく》とならん。我、日本の大船《たいせん》とならん」。この「願破るべからず」とされています。

その次の「僧階単位」の単位数は六十四ほど必要で、立正大学か身延山大学の仏教学部に学んで履修します。この単位を取っていないと信行道場に入場させてもらえません。

ただし、大学に行っていなくても入行する方法はあります。それは試験検定に合格することです。要するに大学で勉強する内容を独学すればよいのですが、試験は大変な難関。合格するまでに大学四年間を過ごす以上の年月を費やしてしまったという人もいます。

「僧道林」は僧侶となるための基礎教育を徹底する教育機関です。私は千葉県鴨川市の清澄寺に行きました。ここで四泊五日の修行をするのですが、私のように総本山で修行していた者は免除されます。立ち居振る舞いや衣のたたみ方といった日常の作法、法要での作法、お経や声明の練習、講義、そして掃除まで、小僧がお寺で学ぶように修行をして、最終過程である修行道場に備えます。

そしていよいよ、最後の関門である「信行道場」です。身延山西谷にある信行道場で、毎年春と夏に開かれます。春の入行者は平均年齢が高く、夏は私のように学生が多いです。三十五日間の修行を終えてはじめて、私たちは日蓮宗の僧侶として認可されます。

私の信行道場の同期は五十人いましたが、修了できたのは四十五人。五人は途中で山を下りてしまいました。点呼の際に「八班、誰々ー」と名前を呼ばれた同じ班の人がおらず、どこに行ったんだと皆がきょろきょろしていたのを思い出します。

そんな信行道場での生活は、四時に起床してお勤めをすることから始まります。そのあとに掃除、朝食、講義。十代のうちに修行のなんたるかを総本山で教わっていた私は、小僧の経験のない同期たちへの橋渡し役となる場面も多くありました。

講義では世の中で活躍している先輩方のお話を聞くことができました。ハワイで布教している方、檀家を持たずご祈禱一本で活動している方といった、独自の道を切り開いていらっしゃる諸先輩の話は、「自分もこんな活動がしてみたい」という気持ちをかきたて、将来への夢を膨らませてくれたものです。

もう一つ、信行道場で教わった綱脇龍妙（一八七六～一九七〇年）という日蓮宗僧侶の生涯に感銘を受けたことも、現在の私の活動のもとになりました。

綱脇上人はここ西谷の地にハンセン病療養所「身延深敬病院」（後の深敬園）を築いた人物です。身延山久遠寺を参拝した際にハンセン病患者の少年に出会い、彼と家族の苦しみに触れたことから、患者救済を決意したそうです。当時は行き場を失った患者たちが身延山をはじめ、仏教の各本山に集まっていたといいます。

綱脇上人は療養所設立のために全国をまわって浄財を集め、ついには身延深敬病院を設立し、生涯をかけてハンセン病患者の救護に従事しました。病院名の「深敬」とは、法華経第二十「常不軽菩薩品」にある「我深敬汝等（我深く汝等を敬う）」とい

信行道場の日々

う教えからきています。*

　福祉を通して人々とつながり、お坊さんの立場で世間の役に立てることはすばらしい。私もそのように生きたい、と思ったのです。


　お坊さんになるのだ、という子どもの頃からの目標にもうすぐ手が届きそうになったこの時期、もう一歩進んで、私はなすべきことのイメージを描くことになったのです。ここで、将来は一から自分でお寺をはじめて、自分が思い描く活動をできるようになれたら、という夢が芽生えました。

　信行道場で過ごした時間は、我慢をかさねて修行に耐え抜くというよりも、私にとっては将来について考える時間となったのでした。

厳しいといわれる信行道場ですが、三十五日間の修行を終えた私は、実は「高校一年生のときを思えば楽だったなあ」という感想を持ちました。なんといっても、三十五日という明確な期限が見えているのは、それだけで励みになります。

思えば総本山で修行した三年間、とりわけ最初の一年は、この時間が無限に終わらないかのように感じられたものでした。けれども、いちばん下っ端だった三百六十五日に身に着いたものが、私を支えてくれる糧になっていたのです。

*綱脇龍妙の生涯については『いのり』第七十四号「綱脇龍妙自伝」を参照。

僧名を持つ

信行道場を無事に修了した者は、ついに僧階を得ます。

最終日の修了式、日蓮宗管長から、私たちは新叙《しんじょ》（宗教者の資格）をいただき、晴れて僧侶となりました。ちなみに管長とは仏教の宗派の首長を指します。

さて、正式に僧侶と認められたことにより、生活のさまざまな面が変わるのですが、最初の大きな変化は僧名を持つことでしょう。本山で修行中の身でどっぷりお寺の生活に浸かっていても、ここまでは生まれた

修了式

ときに付けてもらった幼名で過ごしているのです。

僧名は師匠に命名していただく人もいれば、自分でつける人もいます。師匠のお名前から一文字をいただいていることもよくあるので、「この人とこの人とは兄弟弟子なんだな」と名前からわかることも。また、仏教の大学が設立される前の江戸時代には、檀林《だんりん》という僧侶の養成学校が全国各地にあったのですが、どの一門の出身かが名前に表されていたりもしたそうです。

私の場合は自分で考えました。「地から天に向かって昇る」という意味を込め、源昇としました。名前に天と地の意味が含まれていると良い、という姓名判断の見立ても取り入れています。日蓮聖人も天にある「日」と地にある「蓮」とをお名前に含んでいらっしゃいますね。

僧名は茶名や雅号と違って本名ですから、戸籍上の名前も変えなくてはなりません。新米僧侶は家庭裁判所に改名の手続きの申請をします。名の変更許可の申立書なる書類に記入し、戸籍謄本と変更理由の資料も添えて、私は霞が関の家庭裁判所に行きました。本当に僧侶になるのだなという感慨が深まった瞬間でした。

僧侶の就職活動

信行道場を修了した頃には夏も終わっていました。私は東京に戻り、昼はお寺の仕事、夜は大学通学という日々を再開します。

大学生活はまだ半年ありますが、僧階をとるという学生生活最大の関門をクリアした後は、消化試合のような気分になってしまっていました。私だけではなく、同級生たちも似たようなものでしたが、卒業後の進路を決めなくてはならないのは一般の大学生と同じです。

僧階をとったということは、すなわち住職を務める資格を得たということなので、卒業後すぐに実家のお寺を継ぐ人もいます。そうでない人はほかの大学生と同じく、就職活動が必要です。本山や大きなお寺に奉職したり、あるいは住職を失ったお寺に入ったりするため、自分の希望を知り合いに伝え、さまざまな伝手をたどって情報を仕入れます。

継ぐお寺のない僧侶の場合、婿養子に入って奥さんの実家のお寺を継ぐという選択も考えられます。お見合いもあれば、宗派が主催する集いでご紹介にあずかることもありますね。

縁談のお世話は各宗派でさまざまな催しをしていると思いますが、日蓮宗では宗務院の主催による「良縁の集い」という会が定期的に東京・大阪・北海道などの都市で開催されています。「集い」の出席者は僧侶の男性と、住職の推薦を受けた女性。女性はお寺の生まれの人だけでなく一般の方も参加可能ですので、もしもお坊さんと結婚したいなんて方がいらっしゃいましたら、菩提寺の住職にご相談されてみては。

閑話休題。私はといえば、しばらくお寺で研鑽を積みたいと考えていました。人手を探しているお寺はないでしょうか、とあちこちで言っているうちに、ご紹介をいただき、府中市の聖将山東郷寺に奉職することが決まります。

お寺の仕事をしながら『明治維新と廃仏毀釈』というタイトルの卒論を書き上げて、無事に卒業しましたが、その後の奉職のことで頭がいっぱいだったせいか、卒業式のことはあまり覚えていません。

大学を卒業したその日に、長くお世話になった堀之内妙法寺を出て東郷寺に移り、私の僧侶としての第一歩が始まりました。

東郷寺は昭和十五年に、東郷平八郎元帥の別荘地跡に建てられたお寺です。京王線の多磨霊園駅を下りて、目の前の通り「東郷寺通り」の坂を下ってゆくと、ほどなくしてたどりつきます。映画の『羅生門』に出てくる寺院のモデルになったという荘重な山門も本堂も、有名な建築家の伊東忠太の設計によるもの。今の住職は法主猊下の弟さんです。

翌日から仕事がはじまりました。妙法寺でも受付を務めたり、ご葬儀についていったりという助手的な務めはしていましたが、小僧はなによりも「一に給仕」で、お手伝いの身です。自分が責任を持って表に立つことはありません。

しかし今や、一人の僧侶として現場に立たなくてはなりません。これからは相談をお受けするのも、ご祈禱も、ご法事を中心となってとりしきる導師だってやるのです。

はじめてのご葬儀

東郷寺での奉職がはじまって一週間目、機会は突然訪れました。

「渡邊上人、私が行けないから、お通夜とご葬儀に代わりに行ってきて」と住職から言い渡されたのです。突然のことに慌てました。まだほんの駆け出しの私が、そんな責任あるお務めを果たせるものなのか。

修行中から月に二回ほどは、住職や先輩のお付きの式衆として葬儀や法事に向かわせていただき、お手伝いをしていました。そのたび、仕事は盗んで覚えよではないですが、脇に立ちながら先輩方の一挙手一投足を見て、故人への接し方、ご遺族への心の寄り添い方、導師としての心構え、そしてもちろん式次第や法話といった実務のことまで、どのように葬儀を取り仕切ればよいのかを頭に叩き込むようつとめてきたつもりです。

けれども、自分が導師として葬儀を取り仕切った経験は、この時点では当然ゼロです。しかし、住職から直々に任命されたのですから、どれほど不安であろうとも、ご遠慮させてくださいなどとは絶対に言えません。

「家族葬で参列者は十名ほどなんですって。しっかりと亡くなった方に引導を渡してきなさい」

式の規模の大小にかかわらず、精一杯務めるのは同じですが、ご家族だけの親密な空間なのであれば、ご遺族様の胸をお借りして一所懸命やればお役目を果たせるはずだ、と自分を鼓舞するしかありませんでした。何度も脇で見て覚えてきた。お経も読める。だからできるんだ、と。

「引導を渡す」という言葉は日常生活でもよく耳にしますが、仏教に由来しています。一般的にはピリオドを打つかのような、何かを終わらせる宣告をするかのような使い方をされることが多いと思います。

語源である仏教での本来の意味は、「霊山浄土《りょうぜんじょうど》に導くこと」、つまり「亡くなった方をあの世に無事にご案内する」という意味です。そのため、あの世の御仏に「故人はこんな方なんですよ」という紹介をします。葬儀で僧侶が故人の生前の経歴を読み上げるのはそのためなんです。ここで読む文章を引導文《いんどうもん》と言います。

故人の引導文を書くために、ご遺族の方に電話をしました。はじめてお会いする電話の向こうのご遺族から、亡くなられた方の人生の歩みをうかがうのは不思議な心持ちがしました。これもご縁です。

引導文を書き上げ、お通夜でするお話の原稿をつくり、式次第を頭の中でシミュレーションしてその日は眠りにつきました。

斎場にはホールが複数あります。家族葬が行われる規模のホールの名前をまず見ました。ところが喪主様のお名前はありません。いぶかりながら、すべてのホールの名前を見てゆきました。すると、なぜか一番大きいホールに喪主様のお名前があるのです。おそるおそる、看板に向かって歩いていくと、そこにいらしたのはやはり本日の故人とご遺族でした。ご挨拶をして、お話をうかがっていくうち、本日の参列者が二百人ほどになると明かされました。

繰り返しますが、参列者の数や式の規模にかかわらず、心をこめて読経をすることに変わりはありません。しかし、本日が導師デビューである新米坊主はたちまちのうちに緊張極まって舞い上がりました。

お経を読みながら、ふと香炉に目がいきました。磨き上げられた表面に映っていたのはたくさんの喪服姿の人々。それを見て「こりゃムリだ」という思いに駆られ、膝から崩れ落ちそうになり、四月のはじめでまだ肌寒かったにもかかわらず、汗が吹き出して止まりません。うっかりしてハンカチを忘れていたので、葬儀会社の担当さんにタオルを差し出されたのを覚えています。

必死に読経をして、一時間半。参列者の最後の方のお焼香が終わりました。次は導師としてお話をしなくてはなりません。昨夜必死で考えた原稿を頭に浮かべ無我夢中で話したものの、参列者の方々の反応は薄く、悔いが残りました。

お寺に帰り着いたのは夜の九時。住職もお帰りになっていました。預かったお布施をお持ちして、「ものすごい人数でした」と報告すると、住職は「そうだったみたいだね」と涼しいお顔をしておっしゃいます。はじめからご存じだったのだろうなあ。

「君なら大丈夫だと思っていたよ」と言ってくださって、驚きとともにうれしさがありました。「ここに入って一週間のはたらきを見て、また、妙法寺という本山で修行をしたという信頼から行かせたんだよ」とも。光栄に感じると同時に、本山の看板を汚さぬようにいっそう精進しなくてはと身の引き締まる思いがしました。

しかしながら、お通夜の話が参列者の方々には響かなかったように見えたことが気にかかります。明日、ご葬儀、お骨あげをして初七日のあとのお話では悔いが残らないようにしたいと、その日は夜を徹して考えました。

法話のトレーニング

葬儀ではじめて導師を務め、いたらないことばかりでしたが特に痛感したのは、自分の話術の未熟さでした。お通夜で私がお話をしていたあいだ、ご遺族の皆様が下を向かれていたのは、個人を偲ばれていただけではなかったでしょう。

もっと参列者の方々に喜んでいただけるような話がしたい。そう思った私は改めて、いろいろな人の話を聞き、学ばなくてはと考えました。

お寺に奉職してからは修行時代と違い、週に一度の休みをいただけるようにもなっていたので、勉強する時間もつくれたのです。とはいえ、僧侶はなかなか丸一日休めることがないのですが。

それはさておき勉強の第一歩として、いろいろなお寺で定期的に開かれている、お坊さんのお話を聞く会に参加することにしました。お寺では「信行会」といって、僧侶と檀信徒さん皆でお経を読む集まりがあったり、「お磨き」といって檀信徒さんにお集まりいただいて仏具の手入れをする集まりがあったりします。それらのイベントの後には、僧侶が仏教の教えをわかりやすく解説するお話をするのです。

諸先輩のお話を聞いてノートをとり、お話の内容、どういったところが良かったかなど書き出して、自分の話し方にも取り入れようとしました。

話術といえば落語だろうと、寄席や落語会にも通いました。浅草の木馬亭、新宿の末広亭などに行ったり、立川流の噺家さんたちが好きになって一門会のチケットをとったりもしましたね。

葬儀に参列された際、僧侶がお話をするのを聞かれたことのある方は多いと思います。葬儀のときに限らず、仏教の教えをわかりやすくお伝えするためにする僧侶の話を総じて法話もしくは説教と呼びます。

僧侶は皆、世情や身近な話題をもりこみながら、聞き手に興味を持ってもらえるような話をする工夫をしています。感動させたり、笑わせたり、実に巧みな話をする経験豊かな僧侶もいて、優れた法話を収録したCDも販売されていたりするほどです。

僧侶がスキルとして絶対に身につけなくてはならない法話ですが、これは口伝での教えで、最初はお寺の先輩から教わる人が多いようです。私も総本山での修行中に先輩から教わりました。

スピーチをするときは起承転結を意識せよとよく言われますが、法話では五段論法を意識せよと指導されます。

①挨拶　挨拶と自己紹介
②端緒《たんちょ》　話の発端
③綱領　お経、仏教の教えにつなげる
④例証　具体例をあげ、現代の話に戻す
⑤結勧《けっかん》　信仰を勧めて結びとする

この順番で話すのです。葬儀の際は、挨拶の後にお悔やみを申し上げること、またご遺族のお気持ちに寄り添うような話をすることを心がけます。

各宗派で説教の研鑽のための取り組みがされていますが、日蓮宗では布教院という修行道場での研修が行われます。毎年九月の前半に、日本のどこかのお寺を道場として開設され、全国から集まった希望者が二週間集中して学ぶのです。私は平成二十五年に京都の本圀寺で行われた際に、入院《じゅいん》してきました。

非常に実践的な内容でした。くじ引きのように箱の中から紙を引き、そこに書かれたテーマに従って話をするのです。

指導されるのは、滑舌や話の間のとり方はもちろん、話している最中の眼差し、ジェスチャーまで、徹底的に注意が入ります。布教院に入院するまでに、三年ほどの経験はありましたから、それなりの話はできているつもりだったのですが、なんという思い上がりだったことか。注意されたことがあまりに多く、何がなんだかわからなくなってしまったほどです。

葬儀の際に話を長引かせてしまったという失敗は僧侶にはよくあるのですが、それを克服するための訓練もあります。三分、五分、十分という単位で時間制限を設け、その時間ちょうどに話を終わらせるのです。私の場合は、持ち時間よりはるかに早く話が終わってしまい、「あと一分ある！」とさらに話すよう促されたにもかかわらず、頭の中が真っ白になってしまいました。

実は落語や講談といった語り芸は、仏教の説教にルーツがあるんですよ。寄席で落語家が高座に上がったり、扇子を使って身振り手振りをするのも、かつてそのようにして説教が行われていた形式が踏襲されているのです。

とりわけ、日蓮聖人のご命日の十月十三日に行う「お逮夜説教《たいやせっきょう》」には、その後の落語に引き継がれているものが多く見られます。これは聖人のご一代記を、ご命日の前日、十二日の夜から始めて、何人もの僧侶がかわるがわる高座に上がり一時間おきに話すという行事。説教は朝まで続き、大トリの僧侶が最後にろうそくの芯を消すことを「真打ち」と言うのです。

訓練の成果か、私も最近は「今日のお話良かったです」と感想を言っていただけることも出てきました。落語家さんのようにはいきませんが、お説教で人を感動させられるように今後も精進していきます。

＊本項参考文献　関山和夫『説教の歴史　仏教と話芸』白水Uブックス、一九九二年

加行所（荒行）に挑む

世界三大修行なるものがありまして、一つはヒンドゥー教のヨーガ、もう一つは天台宗の千日回峰行《せんにちかいほうぎょう》、そして最後の一つが日蓮宗の加行所（荒行）とされています。

毎年十一月一日に開堂する千葉県の中山法華経寺の荒行堂には、全国から日蓮宗の僧侶が集い、百日間の修行に励みます。百日間という期限は、日蓮聖人が亡くなった後に京都に布教する指名を下された日朗《にちろう》上人が、鎌倉の由比ガ浜で宣誓して百日間水行を行ったことにその由来があります。

荒行は僧侶全員が経験しなければならないというわけではありません。本人の選択に任されていますが、如来秘密神通之力《にょらいひみつじんづうしりき》（御仏のすばらしい力）をお借りする法華経の祈禱法を修めるために必要な修行です。ご祈禱を行うことができる修法師《しゅほっし》という資格は、荒行に挑んで修法（祈禱法）を伝授された僧侶にのみ授けられます。

子どもの頃に初詣に行ったお寺で、木剣を振って九字を切るお坊さんを見て格好よさに目を奪われ、それが祈禱と知ってからずっと憧れていたので、出家を決意したときから絶対に入行《にゅうぎょう》すると心に決めていました。私が生まれ育った九州地方は、昔から僧侶のあいだで荒行が盛んな土地柄のため、身近に感じていたというのもあります。

荒行に挑戦するにも、いくつかの関門があるのです。まず僧階をもっていること。それから健康診断にパスしていること。心身が頑健でないと、成満《じょうまん》（つつがなく終えること）するのは難しいからです。

僧階をとって二年後の平成二十三年、「やっとこの時が来た」という気持ちで私は中山法華経寺に向かいました。この年は、私を含め百五十人ほどの僧侶が入行しました。

荒行の日課は、主に水行、写経、読経の繰り返しからなっていました。朝二時の起床から二十四時の就寝まで、毎日その日課をこなします。

僧侶は邪気を切り払うための剣に喩えられます。熱して叩いて水をかけて刀を鍛錬するように、水とお経を体にしみこませ、寒さと飢えと眠気に耐える我々の修行は、百日かけて刀を研ぐようなもの。「刀を刃こぼれさせない」という意味で、荒行中は刃物を体にあてませんから、頭髪もひげも伸び放題です。

来る日も来る日も朝のまだうす暗い中、水をかぶって冷えた体に薄っぺらい白衣を着て下駄を履き、吹きさらしの外に出て、砂利の上に立ちました。「一同、構えー!」という声を合図に構えます。

九字を切りながら声を出していると、日に日に吐く息が白くなってゆくのがわかります。毎日の日課についていくのが精一杯で、昼夜も日にちも感覚がなくなるのですが、季節が進んでいることは裸足にしみてくる寒気で感じとれました。

単調にして厳しい毎日ですので、精神的に追い詰められもします。入行者の中にはお勤め中に突然奇声を発したり、経本を食べだす人も出てきました。

ただ、ここでも私は、自分は大丈夫だという妙な確信がありました。総本山の一年目を思えば、百日間を乗り切れると。

僧侶がこうして荒行に身を投じることには、どんな意味があるのでしょうか。

修行のお堂の中に、その志の言葉が掲げられています。

寒水《かんすい》白粥《びゃくじゅく》凡骨《ぼんこつ》将《まさに》　死《かれなんとす》
理懺《りざん》自悔《じげ》聖胎《しょうたい》自《おのずから》　生《しょうず》

寒中で冷水を浴び、わずかな白粥を食べ、死の寸前となるほどの厳しい修行をして自らの罪を悔い改めることで、尊い仏が自分の中から生じてくるというような意味です。

私が感じたのは、修行をして心身共に極限まできて、すべてが削ぎ落とされたときに初めて、自分の中にも仏がいると気づくということでした。

普段の生活をしている時は、色々なことを常に考えてしまうので、本当の意味で自分と向き合う機会はなかなかないかもしれません。

この百日の修行は、日常の中で私たちが享受している自由や、世間的な地位や、自我も生命もすべて仏様にお預けし、黙々として懺悔し罪を滅する修行であるのです。日朗上人の百日水行が由来であることは先ほどもお話しした通りですが、これは布教には困難があるだろうがそれに負けないようにと、気持ちと体を固めるために行ったことでした。

現代に生きる我々も、そのお志に倣っているのです。僧侶として利他の行をはじめるため、我が身をなげうっても他者の御利益のために生きる決意表明とも言えます。それゆえ荒行は「九十九日をもって中日とす」と言われており、成満して終わるのではなく、ここからがはじまりなのです。

寒中の百日間が過ぎ、私の荒行は終わりました。最終日に式典の会場設営のため脚立を持ってくるように指示されて、床に置かれた脚立を持ち上げることができなかったときには、自分でも驚いたものです。やはり精根尽き果てていたようで。

けれども、まだ生きている。人間って意外と丈夫だ、と思うと不思議と勇気がわいてきて、これに耐えられたらなんだってやれるんじゃないかという自信にもつながりました。

荒行中何がつらかったかといえば、空腹がこたえましたね。食欲が人間の欲の中で一番強いのではないでしょうか。あまりにその感覚が強く刻まれ、終わってから一か月間は、何を食べても飢餓感が消えなかったほどです。体重は十六キロ減りました。

荒行堂を出て最初に口にしたのはピーナッツなのですが、その味を鮮明に覚えています。食べ物ってこんなに脂分があったんだなと、嚙みしめました。

荒行を終えたばかりの私

第三章　仏様の教えを暮らしの中に

雨ニモマケズ

宮沢賢治が法華経を信仰していたことはよく知られているかと思います。賢治の詩や童話からは信仰の影響が垣間見えるため、私たち日蓮宗の信徒にはどこか近しい人のように感じられる作家です。私も法話をする際に、その作品や生涯に触れることがあります。

法華経のことなど何も知らなかった小学生の頃、私は宮沢賢治の伝記を読んで感想文を書き、コンテストの賞をとっていたようです。自分では忘れていたのですが、祖母が「見てごらん。あなたやっぱり仏教と縁があったよ」と、なぜか保管してあった原稿と賞状を出してきたことがありました。読んでみると「宮沢賢治が優しかったのは仏様の教えを守っていたからだろう」などと書いていたんですね。

「雨ニモマケズ」と聞けばすぐに、多くの人から「風ニモマケズ」と口をついて出てきそうなほど有名な、宮沢賢治の遺作である「雨ニモマケズ」にこのような一節があります。

東ニ病気ノコドモアレバ
行ッテ看病シテヤリ
西ニツカレタ母アレバ
行ッテソノ稲ノ束ヲ負ヒ
南ニ死ニサウナ人アレバ
行ッテコハガラナクテモイ、トイヒ
北ニケンクヮヤソショウガアレバ
ツマラナイカラヤメロトイヒ

弱者に寄り添おうとした賢治の思想が見て取れるのと同時に、ここにはお釈迦様が出家を決意した理由であるとされている仏教の伝説「四門出遊《しもんしつゆう》」が表れていると言われています。

まだ釈迦族の王子であった頃のお釈迦様が、お城の門から外の世界に出たところ、生老病死《しょうろうびょうし》という人の苦難を目の当たりにし、人はこれらの苦しみから逃れることはできないのかと悩まれ、出家を決意されたのです。

東門を出て老人に出会い、南門を出て病人に、西門を出るとお葬式で死人に遭遇し、北門を出た際に修行者に出会ったのですが、「雨ニモマケズ」の東西南北はこの「四門」に着想を得ているという説もあります。

また、次の一節には宮沢賢治が信仰していた菩薩のことが書かれているともされています。

ヒドリノトキハナミダヲナガシ

サムサノナツハオロオロアルキ
ミンナニデクノボートヨバレ
ホメラレモセズ
クニモサレズ
サウイフモノニ
ワタシハナリタイ

「デクノボー」とは何を指すのか、誰なのかと、多くの研究者が論考を重ねてきました。日蓮宗の見地からは、渡邊寶陽先生が『宮澤賢治と法華経宇宙』（大法輪閣、平成二十八年）で、デクノボーとは「常《じょう》不《ふ》軽《きょう》菩《ぼ》薩《さつ》のイメージを貧しく苦しい農村の中に出現させてみるという構想であると考えたい」という解釈をされています。

常不軽菩薩は法華経第二十の『常《じょう》不《ふ》軽《きょう》菩《ぼ》薩《さつ》品《ぼん》』に登場する、あらゆる人に手を合わせ、敬い拝み続けた菩薩です。「私はあなたがたを深く敬います。決して軽んじません。あなたがたは菩薩の修行をすれば皆、仏になります」と言い続けた常不軽菩薩を疑って、石を投げたりする人もいました。しかしそれでも他人を礼拝することをやめなかった菩薩は、みずからの言葉通り仏になったのです。

常不軽菩薩のように、あらゆる人を敬い、拝み合うことを但行礼拝《たんぎょうらいはい》と言います。なぜあらゆる人を敬うことができたかといえば、たとえ悪人であったとしても人は改心することがあり、煩悩にふりまわされる人であってもつねに悟りの心を持つからです。

菩薩とは「菩提薩埵《ぼだいさった》」という言葉の略で、悟りを求める人という意味です。仏になる前の状態であるとともに、悟りを目指し、生きとし生けるものを救うために修行している人を指しています。

日蓮聖人は、人間に生まれた以上、皆、菩薩なのだとおっしゃいました。なぜなら、真実を求めて前に進もうとする姿こそが菩薩だからです。

誰もが心の中に仏の種を持っていて、御仏の縁に触れ、それを花開かせることができるのです。

袋きたなしとて、金を捨つる事なかれ

私が好きな日蓮聖人のご遺文の一節にこういったお言葉があります。

袋きたなしとて、金《こがね》を捨つる事なかれ、伊蘭《いらん》をにくまば、栴檀《せんだん》あるべからず。谷の池を不浄なりと嫌わば、蓮を取るべからず。

（祈禱抄　祖寿五十一歳　於佐渡一谷　最蓮房宛）

袋がきたないからといって、中に入っている金を捨てることはない。伊蘭の木は屍のようにくさいにおいがすると疎まれているけれど、かぐわしい香木となる栴檀（白檀）は伊蘭の根に寄生して生えるので、伊蘭なしに白檀は存在し得ない。そして蓮は濁った泥の池に咲きますから、汚い池だと嫌うと蓮を採ることができないよ、という意味です。

このご遺文を知ったとき、私は祖母がつくっていた柿渋のことを思い出しました。渋柿を大きなたらいの中の水に沈め、何日間もおいておきます。すると柿が腐ってひどいにおいがしますが、この発酵した汁を漉すと防水・防腐剤になる柿渋がとれます。祖母は和装用の傘にこれを塗ったり、庭の垣根に塗ったりしていました。

昔は柿渋を木製の船底に塗ったそうですが、その技術が知られたときに航行の距離は飛躍的に伸び、漁業のできる範囲が広がったということです。革命的な出来事だったのでしょうね。

食べるのだって、干し柿にすれば甘くおいしい保存食になる。そのままでは食べられないと疎まれる渋柿は、加工によって進化を遂げる、実は大変な可能性に富む存在なのでした。

「祈禱抄」のご遺文で、日蓮聖人は最蓮房という弟子に宛てて、一見不要なものにも立派な役目があると説かれたのでした。

澄んだ水の中では咲かない、泥の池に根を張る蓮が、泥に染まることなく花を咲かせる姿は、仏教では成仏に見立てられています。それゆえ泥沼は煩悩や悩みや苦労にたとえられるのですが、悩み、苦しみは修行によって転じ、人を輝かせるものとなるのです。これこそが仏様の教えを知り菩薩となった者の姿です。

「南無妙法蓮華経」というお題目は、苦悩の中で美しい花を咲かせましょうという「泥中の蓮の教え」を説いています。私たちにはそれができるのです。

私たちは皆、仏の子

寺子屋で、子どもたちにこんな話をしています。

みんなの心の中に仏がいるんだよ、だから私もあなたも隣にいる友達も、みんな仏様の子なんだよ。

友達を叩いたりすると、仏様の子を叩くのと同じだから大きな罪になるよ。本当の強さというのは人を叩いたりして力で制圧することではなくて、人を守ることや、自分をしっかり持つことが強さだよ。

人をばかにしたりいじめたり、感謝を忘れたりすると、苦しんだり大変な思いをするよ。だから人に優しく、謙虚に生きようね。ばちが当たるという意味ではないよ。

人が良くない方向に進んでいくと、仏様が軌道修正をさせるために壁や障害を置くんだ。だからなるべくまっすぐ生きていこう。

頭がいい、ということを学校でよく言われたりすると思うけれど、頭がいいというのは、試験の成績がいいことを言うんじゃないんだよ。わからないことを人にたずねられること、わかっていることを人に教えられること。それから、ものごとのよしあしがわかること。つまり分別ができるっていうことなんだ。

常不軽菩薩が説かれたように、誰もが皆、仏になる可能性を持っています。たとえば愛情は、いい人も悪い人も持っています。たとえ人を殺めるような人であったとしても、恋人を愛する気持ちや子どもを愛する気持ちはある。これが仏の性で、それを育てていくかいかないかは本人次第です。

仏とは、お釈迦様のことでも仏像のことでもありません。愛情に溢れ、人を思いやり、謙虚で学ぶ気持ちがあって、というような魂の完成形を指してそう呼びます。私たちが修行をするのは、仏という状態に近付くことを目指すからなのです。

特に子どもが、そうした仏の種を育ててゆくために、「自分は親に信用されている」という気持ちを持てるよう、親御さんは気遣ってあげてほしいのです。

教育熱心で心配性な親御さんほど、「ああしなさい、こうしなさい」と子どもの行動に先回りして口出ししてしまいがち。しかし、言えば言うほど子どもは「自分は親から信用されていない」という気持ちを強めてしまいます。「あなたなら大丈夫だよ」と言ってあげてください。

ただし、「大丈夫だよ」と言っても、実際のところ子どもは失敗をします。そんなときも、「今は失敗したけどこれからも頑張りなさい」と言ってあげると、親は自分を信じて見守ってくれているんだと伝わります。常に信用してあげること。手は離していいんです。でも、心だけはつながっていてください。

お母さんは子どもを自分の分身のように考えがちですが、ちょっと距離をとってみましょう。子どもは授かりものだと言いますよね。その子どもを預かっているという気持ちでいましょう。

子どもを育てることによって自分も成長する。人は、子どもがいてはじめて親になることができるのです。

母のありがたさ——知恩報恩

お母さんが亡くなって、お子さんが喪主を務めているときに必ず読むことにしている日蓮聖人のご遺文（お手紙）があります。

刑部《ぎょうぶ》左衛門尉《さえもんのじょう》女房《にょうぼう》御返事《ごへんじ》　祖寿五十九歳　於身延　刑部左衛門尉女房宛

其れにつきても　母の恩　忘れがたし。
胎内に　九月の間の苦しみ、腹は鼓を張れるが如く　首は針をさげたるが如し。
気は　出るより外に　入ることなく、色は　枯れたる草の如し。臥せば　腹もさけぬべし。

座すれば　五体やすからず。かくの如くして　産も既に近づきて、腰は破れてきれぬべく、眼はぬけて　天に昇るかと　をぼゆ。
かかる敵を　産み落としなば、大地にも踏みつけ　腹をもさきて、捨つるべきぞかし。
さはなくして、我が苦を忍びて　急ぎ　いだきあげて　血をねぶり　不浄をすすぎて
胸に　かきつけ　懐きかかへて　三ヵ年が間　ねんごろに養ふ。
母の乳をのむ事、一百八十石　三升五合也。　この乳のあたひは　一合なりとも
三千大千世界にかへぬべし。
候へば米に当れば一万一千八百五十石五升・稲には二万一千七百束に余り・布には三千三百七十段なり、　何に況や
一百八十石三升五合のあたひをや

これは、日蓮聖人が尾張国に住んでいた刑部左衛門尉に宛てたお手紙です。

お母さんは九ヶ月のあいだお腹で赤ちゃんを育てて、体の負担はそれだけでも大変なのですが、出産のときは腰も破れんばかり、目の玉が飛び出すのではないかというほどの苦しみを味わいます。それほど苦しめられているのだから、生まれた赤ちゃんを大地に叩きつけて腹を割いて捨ててしまったっていいほどでしょうに——と過激な言葉を使われていますが——自分の苦痛には耐えて赤ちゃんを抱きかかえ、三年のあいだ大事に育てるのです。

そんなお母さんが与えてくれるお乳というのは、一合でも三千大千世界に価するほどありがたい尊いもの。赤ちゃんが飲み続ける乳の量「一百八十石　三升五合」は米にたとえれば一万一千八百五十石五升にもなるのですよ、とおっしゃっています。

三千大千世界とは、人の住む土地から海も宇宙も地獄も天界も含む、ありとあらゆる世界を統べた世界をさらに数千と集めた、仏様が中心に存在して治める世界の全体を指します。お釈迦様が治めている、我々のいるこの世界もその中の一つ。とてつもなく大きな話ですね。

また、一石とは一人の成人男性が一年間に消費する米の量。赤子一人が三年のあいだに飲む乳の量は、一万二千人近くの男性が一年間食べていける量に匹敵するようです。どんな世界にも代えることのできない価値があるんです。

ご遺文は見ての通り古文ですが、お母さんの貴さをせつせつと説いた言葉は時代を超えて人の心を動かすようで、あとでご遺族から「心にしみました」とお聞きすることもしばしば。また、このご遺文は紙に筆写して読み上げ、お棺にお入れしているのですが、「自分でも読みたいので、そのお手紙をいただけませんか」と望まれる方もいらっしゃいます。

お手紙をご遺族に書いていただくこともあります。葬儀の際、散華《さんげ》といって花びらを模した紙をまくのをご覧になったことのある方もいらっしゃると思いますが、そこにしたためていただきます。お通夜の際に散華をお渡しして「故人への思いを書いて、明日お持ちください」とお願いすると、皆さん書いてきてくださいます。こうして故人の恩を思い返すことも大きな供養になるのです。

日蓮聖人は恩というものを大事にされました。「知恩報恩」という言葉で表していらっしゃいますが、恩を受けたことを知り、その恩に報いなさいと、たびたび説いておられるのです。

何《いか》に況《いわん》や仏法を学《がく》せん人、知恩報恩なかるべしや。

（『開目抄』より）

思うに、恩とは、心の原因と言えるのではないでしょうか。「今の自分があるのは○○のおかげ」と気づくことではないでしょうか。

人の台座

落語や講談のルーツが仏教の説教にあるという話をしましたが、「台無し」という古い話は、まさに説教から語り芸が立ち上がろうとしている時期に生まれたのではないかと推測しています。

昔、浅草寺の観音様が盗まれたことがありました。泥棒の一味のお頭が、有名な浅草の観音様を売ったら高く売れるだろうと踏んで計画を立て、子分たちにいつどのように盗み出すか指図する。子分たちはもくろみ通りに盗んでくるのですが、「お頭、盗んできました」と言って見せた観音様の像がなんだか違う。よく見たら台座がなかったのです。「これじゃ台無しじゃないか！」とお頭は叫びました。

この話をしてから、「では、あなたの台座は何ですか？」と私はよく人に訊ねます。

人にも必ず台座があります。台座があるから観音様が観音様として成立し、なくなるととたんに味気なくなるように。

福島出身の方が、相談したいとお見えになったことがありました。平成二十三年当時、東京の大学に通われていたその方は、春休みで帰省することにしていたのに、体調を崩して帰る日を変更したそうです。三月十一日に起こった東日本大震災でご実家は被害を受け、ご家族は亡くなられた。その方お一人が残されました。

ご相談にいらしたときは地震から三年以上が経過していましたが、月日が過ぎたからといって癒える悲しみではなく、自分だけが生き残って、何のために生きているのかわからないとずっと思っている、とおっしゃっていました。

私からは、今のあなたの台座は何ですか、そしてその台座の上でできることを考えてください。と、その日はそれだけ申し上げました。

後からメールをいただいたのです。すると、「今は一緒に暮らしている恋人が自分の台座だと思いました」と書かれていました。そして「できることは福島で生活すること」と。

さらにその後いただいた年賀状には、結婚なさって福島で暮らしているとありました。

今のあなたの台座は、何ですか。家族ですか。仲間ですか。住んでいる家ですか。持っている車ですか。少し考えてみてください。

ビジネスマンの悩み

「弟子にしてください」と突然電話口で言われることがあります。当寺に限らず、どこのお寺にもよくあるお問い合わせかと思われます。ほぼ男性からですね。

事情をうかがうと、会社勤めに疲れて辞めたい、定年退職を機に余生を僧侶として過ごしたい、病気をして人生観が変わったので、というのが三大理由というところ。

しかし、ちょっと思い違いをされているのではないかと思うのです。余生というのは、余る年ではなく与えられる年であると私は考えます。自分の利のためでなく、他者の利のために「一に給仕」を全うするのでなければ、余生の甲斐がないのでは。電話による弟子志願者で、そのような意志が感じられる方には残念ながら出会えたことがありません。

若いビジネスマンの方からのご相談でよくうかがうのが、仕事が自分に合っているのかどうかわからないという悩みです。九星気学で星を見て、本来何が向いているのかをお知らせするということもやっていますが、こんなお話もしています。

仕事とは、選ぶのではなく呼ばれるものです。今の自分に何ができるか考えたほうがいいですよと。極端な話で言えば、飛行機の操縦がまったくできないのに明日からパイロットになりたいといってもそれは無理でしょう。目標をもってそれに向かって計画をするということと、今の自分にできることをまず分けて考えるべきではないでしょうか。

法華経の『化城喩品《けじょうゆほん》第七』に「水は近きにあり」という一節があります。「水」とは悟りを指しますが、悟りの境地に達することを目指すにも遠くの目標にいきなりたどりつくことはできません。

お釈迦様のこんなお話もあります。「自殺したい」という人がお釈迦様のもとを訪れました。お釈迦様は彼を街道に連れていきました。すると荷馬車を引く馬が通りましたが、馬は荷物の重さに腹を立て、馬車を蹴って壊したのです。

飼い主は、「木製の馬車だから、馬に壊されてしまった。もっと頑丈な鉄の馬車にしよう」と考え、鉄の馬車を馬にひかせました。そうすると重さが三倍になり、結局馬の苦労は三倍になってしまった。つまり、荷物を投げ出そうとしたらもっと重い荷物を背負うことになってしまった、という話です。

人間だれしも、荷物を背負わなければならないときというのが来ます。最近はブラック企業の問題などもありますので、不当な荷物を押しつけられたら投げなくてはなりませんが、ここで運んでおかなくてはならない荷物まで捨ててしまわないよう、よく考えてくださいねと申し上げることもあります。

エグゼクティブの方からよく聞くのは「気づいたら出世していた」という言葉です。その方は今いる場所で戦って、その積み重ねで、気づいたら出世していたのでしょう。今いる場所で戦わず急に高跳びしても、目指すものにはそう簡単にはたどりつけないと思います。松下幸之助も「逆境もよし、順境もよし。要はその与えられた境遇を素直に生き抜くことである」という言葉を残しています。

縁あってその場所にいるので、そこでできることがきっとあるはずです。環境を変えることにやっきになる前に、この場所で自分に何ができるかを、まず考えてみてからでもいいのではありませんか。

よき仲間を持つこと

よく「類は友を呼ぶ」と申します。

日蓮聖人は「人の心は時に随って移り、物の性は境に依って改まる」とお言葉を残されました（文応元（一二六〇）年七月十六日、『立正安国論』より）。

現代語訳すると「人の心は時の経過に従って移りゆくもので、物の本性は環境によって変わるものです」という意味です。

物も人も環境によって移り変わります。自分をよくするには環境を整え、よき仲間を持つことです。周りを見てみると、よき人のまわりには必ずよき仲間がいます。

埼玉でマーケティングをする前に、地元のことは地元の方に聞こうと思い、埼玉県内の先輩にお話をうかがいました。総本山の修行時代、何も解らない私に、当時手取り足取り教えてくださった本山の指導員の先輩が、埼玉県久喜市の妙福寺というお寺の住職をしていらっしゃるのです。

知らない土地で活動をすることに不安な気持ちになっていた私に、先輩は、「埼玉のみんなは両手を広げて源昇のことを待っているよ」と言ってくださいました。

そのお言葉のおかげで、希望で胸いっぱいになって涙を流したことは、今でも忘れません。

ご住職は私が最も尊敬する僧侶で、もちろん周りからの信頼もとても厚いお方です。私が埼玉のお寺さんたちにご挨拶をしたときも「源昇さんは、あのご住職の後輩なら大丈夫だ」と皆様が受け入れてくださいました。

ご縁とは本当にありがたいもの。よき先輩のご縁に感謝をして、精進する日々です。

神様と仏様

法友の仁部上人の生家である上原寺のお札を関東一円でしばしば見かけます。法要のために出向いた千葉で、ふらりとお蕎麦屋さんに入ったところ、店内に上原寺の妙見様のお札が貼られていて「県を越えて届いているとは有名なのだなあ」と思ったことがありました。

上原寺の守護神である妙見様の正式名は北辰妙見大菩薩。北斗七星を神格化した神様で、海上安全、学問成就、眼病平癒、そして商業の神様として古くから信仰されています。飲食店でよく見かけるのは、商売繁盛の霊験あらたかだからでしょう。

お寺にはご本尊の仏様だけでなく神様も祀られているのを見て、不思議に思われたことのある方もいらっしゃるかと思います。仏教が伝来した際に日本にもともとあった神道の信仰と結びつき、神仏習合とあいなったと歴史の教科書で習ってはいても、お寺の中で神様はどういう位置にあるのかと混乱するかもしれません。

お寺では、ご本尊とともに住職が感得《かんとく》した神様をお祀りする慣習があります。大黒様、恵比寿様をはじめとする七福神や鬼子母神様は、お寺でもよくお見かけしますね。ちなみに、わが源妙寺は龍神様をお祀りしています。

日本はもともと神道の国です。神仏習合の背景には複雑な経緯がありますが、外来の宗教である仏教が根本的には在来の信仰を大事にしようとしたことは、仏教の良さであると私は考えております。

日蓮聖人がご入滅の前年に池上本門寺で描かれた大曼荼羅本尊には、十界といって、生きとし生ける者すべてが入っており、その中には神様も含まれます。本仏はお釈迦様ですが、久遠仏の説かれた世界の中にはすべてがそなわっているので、そこには土地の神様も存在しますし、キリスト教の神様も、その他世界各地の神様も存在するのです。

順縁と逆縁

日蓮聖人のご遺文『種々御振舞御書《しゅじゅおふるまいごしょ》』に「釈迦如来の御為には、提婆達多《だいばだった》こそ第一の善知識なれ。今の世間を見るに、人を善く成す者は、方人《かたうど》よりも強敵が人をば善く成しけるなり云々」とあります。

仲間というよりも、自分を非難したり攻撃してくる人のほうが自分を成長させてくれるという意味で、法華経の『提婆達多品第十二《だいばだったほん》』に則ったお話です。

提婆達多は、お釈迦様の従兄弟でかつては弟子でしたが、お釈迦様の方針に反対して教団を分裂させたうえ、その後も教団を攻撃しました。お釈迦様が説法をしているときに、山から大きな岩を落としたという話すらあります。しかしお釈迦様は、ひとことも批判も攻撃もしませんでした。

ある日弟子から「なぜ提婆達多を批判しないのですか」と訊ねられると、お釈迦様は「提婆達多こそが私に善き教え（善知識）を教えてくれる。提婆達多がいるから私は自分の行いや気持ちを正すことができるのだ」とおっしゃった。夜があるから昼が認識できるように、悪い行いを見てはじめて善き行いになるようなもの。善き行いとは人々を慈しみ、憐れむこと、喜びを与えること、偏見や差別を捨てることなどです。

ご縁と一口に言いますが、はじめましてと挨拶したときから互いに好感を持ち、順調に仲良くなっていけるような縁と、反対に「この人は苦手」と思っていたけれど、のちのちに自分を成長させてくれるような縁というのがあります。前者を「順縁」、後者を「逆縁」と呼びますが、お釈迦様に危害ばかり加えてくる悪い縁である提婆達多も、仏道修行のたすけとなってくれる縁となるわけで、これぞ「逆縁」です。

一見、うまくやってゆけないように見える相手であっても、のちのちに良さがわかる関係というのがあります。また、仏の縁に触れることによって逆縁は順縁になり、順縁はさらに良縁となります。

いやな相手との縁をそんなふうに考えてみることもできますよ。

次の章は月一回発行しております寺報『源妙寺だより』に掲載した法話から
よりぬいたお話を収録いたします。

第四章　源妙寺だより

少欲知足

「あの欲しい物が手に入れば、私はもっと幸せになる」

どなたでも一度はお考えになられたことがあると思います。

本当にそうだったでしょうか。

欲は海の水の如く、飲めば飲むほど喉の渇きを増すように、止むことがありません。

私たちの心は、満足できない時や幸せを感じることができないとき、どこかにその幸せを求めてしまいます。

法華経の二十八番目のお経の中に、『少欲知足』という教えがあります。

「足ることを知れば欲少なくなる」

今が幸せと感じれば、自然に欲はなくなっていきます。

それには、自分の心に「幸せ」という潤いを与えてあげればよいのです。

潤いとは、日常で些細なことに幸せを見つけることです。

「ご飯が食べられることが幸せ」「家族がいて幸せ」「朝起きられたことが幸せ」この些細な幸せを感じ、自分の心に幸せの潤いを与えて差しあげてください。幸せと思えない方は、口に出してください。恥ずかしい方は、ノートに書いてみてください。

心が潤い「幸せだ」と感じた時から、無駄な欲・余計な欲はなくなります。

どうぞ日々の生活で些細なことに幸せを見つけ、心の中を幸せでいっぱいに満たし、無駄な欲のない幸せな日々をお過ごしください。


（平成二十六年九月）

喜んで捨てる

お賽銭箱の表に「喜捨」と書いてあります。

何を捨てるのかと言うと……「欲を捨てる」という教えです。

たとえば初詣など「一万円お賽銭したから、きっとよいことがあるだろう」と言ってお詣りをなさる方がいます。

金額が多いから良い、金額が少ないからダメと言うことではありません。

お金は私達が生活する上で、尊く大事なものです。この大事なお金や物を、すべて自分だけのために使うのではなく「欲しい欲しいと思う欲の気持ち」を少し我慢して、仏様や人様に施しをさせていただく。その大事なお金や物を施す「お気持ち」が尊いのです。

これを「徳を積む」と言います。

この徳を積む行いやお気持ちが、あなたの「心を育み」あなた自身の徳となり、あなたの人柄となります。

せっかく尊い喜捨をなさるなら、心を育むお気持ちで行っていただきたいと思います。

どうぞ、明年を迎えるにあたり人様の幸せを願い、ご自身に徳を積むお気持ちで気持ちのよい新年をお迎えください。

（平成二十六年十二月）

花まつり

今月はお釈迦様の誕生日を祝い、源妙寺では花まつりを開催いたします。私も子どもの頃、お寺へ行き、花まつりで仏様に甘茶をかけたことを思い出します。花まつりはお釈迦様の誕生日を祝う行事です。ところで、お釈迦様から見た私たちはどんな存在でしょうか。

法華経のお経のなかで仏様は、

「みんな私の子どもであり、自分の子どもを救うために私は滅しない」

自分の子どもを育て、救うために仏はいる、と言われています。

二千五百年前に亡くなった仏様は、「寿命《じゆみよう》無量《むりよう》」であり「体は尽きても魂はなくならない」と説くのです。

徳の高い仏様に比べると、私たちは小さな存在かもしれません。

しかし、仏様からすると「私たちと仏は対等の関係」であると言い、仏様にとって「わが子どもはなくてはならない重要な存在だ」と説かれるのです。

花まつり（灌仏会）というと、お釈迦様をお祝いする儀式ですが、実は仏様が私たちを祝福してくださっている喜びを忘れてはいけない日でもあることを知ります。

（平成二十七年四月）

不幸は感情、幸せは意識

「仕事」「お金」「人生」など、「自分はこれで大丈夫なのかな」と、不安に感じたことはありませんか?

悩んだり不安になってしまうのはあなただけではありません。

実は人間の心は無意識のままでいると、心配したり不幸なことを考えるようにできています。

何も考えずに生活してしまうと、ついつい不幸なことを考えてしまうのが私たちなのです。

仏様は、断食をしたり不眠不休など苦しい修行をたくさんされましたが、「身を痛めつける修行では、苦しみはなくならない」と悟られたのです。

つまり不幸とは「感情」であり、幸せとは「意識」なのです。

普段から意識的に、楽しいことを考える努力をしたり、自ら楽しい行動をしなければ、幸せは生まれてきません。

それには神仏やご先祖様に手を合わせ、感謝の気持ちを捧げて、楽しいことに気づける信仰をなさってください。


（平成二十七年五月）

「悟り」は「差取り」

苦しみや悩みから解放されることを仏教では、悟りと申します。

私たち人間は、何事においても差をつけたがります。学歴が高い低い、男だから、女だから、どんな家柄、私よりお金を持っているなど。

人と差をつけるほど、劣等感に落ち込んだり、優越感に浸ったりと心が苦しくなります。

しかし、この差を取ると、自分らしさが自然と見えてきて心は安定し、幸せになっていくものです。これを、差を取る（悟る）修行と言います。

私も小僧の頃、先輩の住職によく言われましたが、

「大木には大木の役目があり、小石には小石の役目がある」のです。もっと大きく申し上げれば、仏様と人間にも差はないのです。人や世間と差をつけず「自分らしい長所を見つける」信仰をなさっていただきたいと思います。

（平成二十七年九月）

仏様からのメッセージ

観音様は日本で一番人気で親しまれている菩薩と言われています。身近なところですと、浅草の観音様や京都の三十三間堂の千手観音などがあります。

如来とは仏教で一番偉い方で、菩薩とは二番目に偉い方です。仏像を見ていただくとわかりますが、如来とは完全に悟りきった質素な姿で、菩薩とはきらびやかで素敵な姿をされています。

菩薩というのは、仏様の教えを私たちにわかりやすい形となって伝えてくれている方です。

修行と聞くと「我慢・抑制」などをイメージされてしまうと思いますが、本当の仏様からのメッセージは、

「私たちが幸せに生きること」です。
皆様が菩薩を見て素敵だなと思う感性があるとするならば、私たちが外見も中身も菩薩になることです。

自らが菩薩となり幸せを目指しながら、まわりの方々にも慈しみの心をもって幸せに導いていく。日蓮聖人は「我々は皆、菩薩である」と言われました。私たちは菩薩らしく生きたほうが幸せなのです。
これを仏教では菩薩行と言います。

ああだなこうだなと考えることも大事ですが、まずは行動に移し、行うことが、幸せの一歩かもしれません。

（平成二十八年三月）

三百六十五日の七日間

先日、越谷の信徒さんのご自宅でご法事がありました。いつものように車でうかがう途中、見事に咲く桜が目に飛び込んで参りました。

普段はそこに桜の木が生えていることにも気がつきません。

この見事に咲く桜も、世間から脚光を浴びる期間は一年のうち七日間ほどです。花の咲く時間を人間の人生に例えるとします。八十年の人生は約二万九千日。そのうち桜の花が咲く期間は五百六十日です。

八十年の人生で約一年半になります。

お釈迦様は「この世は生老病死を根本に苦しみの多い世界」だと言われました。

確かに人生は楽なことばかりではありません。

昔から「寒い冬の桜は美しく咲く」と言います。

人間も同じように、苦しみや悲しみが深ければ深いほど、根を張り栄養を蓄えて美しい花が咲くと信じています。

自らが桜のようにいつか素敵な花を咲かせ、皆様のまわりの方々に光を当ててください。


（平成二十八年四月）

貧しいからこそ施す

お釈迦様は御弟子さんに「貧しい方からお布施をいただいてきなさい」と言われました。

一般的に考えると「お布施はお金持ちからもらったらいいじゃないか」と思われると思います。

しかし実際に貧しいと、もらうことばかりを考えたり、自分のためだけにお金を使ってしまいます。心が貧しくなると言ってもいいです。

たとえば、自分の食事を一口我慢して人様やご先祖様に施してみる。その僅かな施しができたときに、大きく心が変わってきます。

「心が貧しくなると環境も貧しくなる」というのが仏様の教えです。

施すことを私たちの普段の生活に置き換えると、「この人から何かしてもらおう」と思うときがあると思います。するとだんだんと心は苦しくなり、人間関係も崩れてきます。反対に「この人に対して自分は何ができるだろう」と考えて行動してみると心も満たされ、人間関係も豊かになります。

気がつくと環境も変わっていくはずです。「心が変われば環境が変わる」のです。

自らを犠牲にする必要はありませんが、自分ができることを探していく生活を送っていただくことを願っています。

（平成二十八年五月）

水の神様からのご利益

私たちの生活で欠かせないものは火《か》と水《み》です。

いわゆる神「かみ」様です。

神様の語源は、ここからできたとも言われております。

昔から、この火と水に神が宿ると信じられ、とても大切にされてきました。

現在の私たちの生活では、コンロを点ければ火、蛇口を捻ると水が出ます。これを当たり前と思うと、だんだんと神仏からのご利益も薄れてきます。


私は雨が降ると、子どもの頃のご近所の農家のご夫婦が「雨だなーありがたいなー」と言っていたことを思い出します。そうです、この雨のおかげでお米や野菜が育つのです。

ジメジメとして雨を大変に思うときがありますが、雨や水のお陰で生活ができると気がつくと、ありがたく雨を受け入れることができます。

なにげない普段の私たちの生活すべてに「ありがたい」と、気づきをくれるのが信仰の醍醐の味です。

水に感謝し、大きな大地の恵を受け、この梅雨の時期をお過ごしください。

皆様の日々のお幸せを、心よりお祈り申し上げます。

（平成二十八年六月）

努力の神様　大黒天

先日、信徒さんのご自宅にお経をあげにうかがわせていただきました。ちょうどお昼前でしたが、お仕事中でいらっしゃいました。七十歳を迎えられたにもかかわらず、雨のなか一生懸命に作業をしておられます。少し煤にまみれたお姿を拝見し、私はふと「大黒様」を思い出しました。

丸い頭巾をかぶって右手に小槌、左手に袋を持ち、二つの俵の上にお立ちになる笑顔の大黒様は、よく知られるように福をもたらす神様です。

さて、大黒様のお姿は何を示されているのでしょうか。

「左手の袋には財宝が入っている」と言う方がおられますが、本当は自分や人の愚痴や不平不満が入っています。また、真っ黒な姿は、小槌を振って働いて働いて真っ黒になることを意味し、働くとは「傍」を「楽」にすること。

つまり大黒様のお姿が示すが如く、不平不満・愚痴をギュッと袋に閉じ込め、いつもニコニコして大黒になって働けば、俵が示すように、気がつけば足元から「豊か」になることを教えられています。

大黒様とは、私たちの励むべき精神そのもののお姿なのです。努力することが愚かであるかのように言われる現代において、大黒様のお姿は尊く、私たちに生きるうえでの精神を教えてくださいます。

私は、信徒さんが仕事に打ち込み働くお姿を拝見し、御仏から大黒様のお姿を実際に見せていただいたように感じました。そのお姿は本当に尊く、また一つありがたいご縁を頂戴いたしました。感謝いたします。


（平成二十九年三月）

草取りの悟り

いよいよお寺の着工がはじまろうとしていますので、お寺の土地の最後の草取りの修行をいたしました。

雑草の成長は早く、気がつくといつの間にか土地は草だらけになります。先日の草取りも、綺麗にしようと思うと丸一日かかりました。

地面にしゃがんで草を抜きます。楽な体勢ではありませんので、苦労を身を以て痛感します。

日本は世界で有数の綺麗な国と言われますが、普段から町を綺麗にしてくださる方がいることに、改めて気づかされました。

それと同時に「いっそのこと雑草が生えてこなければ……」と思いました。

その昔、お釈迦様は御弟子さんに「修行は草取りから」とお教えになられました。「抜いても抜いても生えてくる雑草は、人間の悩みと同じである。草と同じで人間の悩みも完全になくすことはできないのである。いいかい。草は生えてきたら抜いてあげれば良い。

また人間の悩みも完全になくそうとするのではなく、悩みの掃除や整理をしてあげることが大事である」とお教えになられたそうです。

私たちは「悩みなんてなくなればいい」と思いますが、悩みがない人生は成長がなく、おそらくつまらない人生です。

日々色んな悩みがあると思いますが、悩みをなくそうとせず、悩みに悩まされず、悩みを整理して精進してください。

「悟るとは理解すること」です。

苦を理解して、日々「心の草取り（苦悟り）」を。

（平成二十九年十一月）

終章　お寺を建てる

平成二十九年七月四日、埼玉県越谷市は、快晴の夏日でした。念願かなってたどりついた、私が住職を務める源妙寺の地鎮祭の日。前年の十二月に土地を取得してから紆余曲折ありましたが、ようやく建立のめどがたち、この日を迎えたのです。

元荒川に面したこの土地は、うなぎの寝床のように間口が狭く、奥に長い形。川沿いの道に玄関を設けると、よい家相とされる「巽《たつみ》（南東）の玄関、亥《いぬい》（北西）の倉」の通りに寺が建ちます。

また、川をつかさどるのは水の神である龍神様。日蓮聖人が白い龍をお呼びになったという故事にちなんで龍神様をお迎えできるようにという願いをこめ、地鎮祭は八白土星の辰の日にとり行おうと決めていました。

そもそも地鎮祭はなぜ行うのか。それは土地の神様にご挨拶し、「ご給仕（お仕えをするのでお力をください」というお願いをするためです。神道の地鎮祭では神様に鎮まっていただくためにお祓いをするという意味合いが強いのですが、仏式の考え方は契約に近いと言えるでしょう。だから書類に判をつくように、神仏を表す幣束に捺印するのです。私も実印を押しました。

この幣束をはじめ、地鎮祭ではたくさんの道具やお飾りをつくります。ありがたいことに、前日から埼玉県日蓮宗青年会の法友たち二十人が集まって、一緒に準備をしてくれました。場の設営を行うために穴を掘り、半紙を折って幣束をつくり、飾り付けをして。当日は檀家さんやご近所の方々も加わって、手伝ってくださいました。

祭壇を設置し、お供えものも整いました。十一時より、いよいよ祭儀のはじまりです。住職である私は、角帽子と呼ばれるつのかくしのような帽子をかぶります。僧が帽子をかぶるのは威儀を正すため。

法友たちは白い袈裟をかけています。白には正装、正式の意味があります。皇室の方々も祭儀のときには白を身につけますね。そしてお供えの塩、米、酒も白。実は御

仏も白いのですよ。金色の仏像のイメージが強いでしょうが、それは御仏が光輝いているお姿を表しているのです。白光と言います。

さて、日蓮宗の地鎮祭の場のこしらえと式の流れを簡単にご説明しましょう。

土地の四方に柱が立ち、天井のように縄が張ってあります。これは結界を表します。縄の中央には「天」と書いた紙。これは天符と言って、天体を表します。天体の一番下に気がたまり、またご神木というのは天体をずっと見て力がたまっていると考えられています。

四方の縄には七つずつお飾りを下げて、

それを合計した数は二十八。月の満ち欠けを表す数字です。日蓮聖人は二十八という数を大事にされました。

祭壇にはきびだんごをお供えしてあります。塩ではなく食べられるお供えです。祭壇の前には穴が掘ってあり、笹で囲んであります。桶を置き、そこに笹を立てます。

結界の中には住職のみが入り、参列者はその外から見守ります。住職は式次第を読み上げ、龍神様のお名前をお呼びします。名前は事前におつけするのですが、白晨宮本龍神明王としました。宮は神様を表し、明王は土地に留まる神という意味です。

そして、お経を読みはじめたときのこと。

突然の雨が降ってきました。

昔は、地鎮祭で雨が降らないと日を改めやりなおしたと言います。なぜなら、水の神である龍神様がお越しにならなかったということだから。日本の仏教の母山と言われる天台宗では、地鎮祭に龍神様をお呼びすることが、非常に重視されていました。

頬を伝う雨だれを感じながら、「龍神様がいらした！」と私は心でつぶやきました。越谷の駅にはじめて下りた日のことを思い出し、そのときから少しずつご縁が広がっていって、いま祭儀に列席してくれている方々への感謝がいっそう胸にこみあげてきます。

お経を読み終わると、いよいよ穴を埋めます。なぜ穴が掘ってあるかといえば、龍神様にこの穴に入っていただき、地面に留まっていただくためなのです。穴のまわりに笹を立てたのは、実は龍が笹を嫌いだから。いったん穴に入った龍神様が飛び出さないでくれるようにという、ちょっと申し訳ない理由なのでした。

式の最後には、兄弟と慕う星光照住職からご祝辞をいただきました。知り合ったときの話から始められて、「源昇くんと三年前に知り合ったとき、『お寺を建てるって大変だね』と言ったら、彼は『好きでやってますから』と答えたんですよ」とおっしゃったのですが、自分ではそう答えたのも忘れていました。

「彼は一人で埼玉に来て、少しずつ仲間が増えて、今日こうしてたくさんの僧侶と信徒さんが集まってくれました。これからお寺が建って、さらに仲間を増やして教えが広まっていくと思います」そう言うと声をつまらせ、言葉が続かなくなりました。施主の私より先に泣かれてしまった。

お寺が建つまでの道のりは、まだまだ遙かです。地鎮祭はやっとその一歩を踏み出したに過ぎません。また、建物が完成しようとも、未熟な私はまだまだ精進を重ねねばなりません。

ただ、どんな困難があろうとも、この日集まってくださった皆さんの顔を思い出せば、乗り越えていける気がするのです。

渡邊源昇（わたなべ　げんしょう）

日蓮宗の僧侶。1987 年、長崎県生まれ。15 歳で出家し日蓮宗総本山身延山久遠寺へ修行に入る。杉並区堀之内妙法寺で修行しながら立正大学で勉学。大学卒業後、府中市東郷寺、品川区摩耶寺への奉職を経て、2014 年、日蓮宗国内開教師に任命。同年、越谷市に越谷布教所源妙寺を開堂。画期的なお寺づくりで注目され、各種メディアに取材されている。

日蓮宗越谷布教所源妙寺ホームページ
http://nichirenshu-koshigaya.com/

お寺《てら》はじめました

2018年2月20日　第1刷

著者　渡邊源昇《わたなべげんしょう》

装幀　村松道代
発行者　成瀬雅人
発行所　株式会社原書房
〒160-0022 東京都新宿区新宿1-25-13
電話・代表　03(3354)0685
http://www.harashobo.co.jp/
振替・00150-6-151594
印刷・製本　シナノ印刷株式会社

ISBN 978-4-562-05471-8 printed in Japan